BIBLIOTHÈQUE PARISIENNE A UN FRANC

LES CARRIÈRES D'AMÉRIQUE

PAR

THÉODORE LABOURIEU

ORNÉES DE DESSINS DE BEYLE, GRAVÉS PAR TRICHON

PARIS

C. VANIER, LIBRAIRE-ÉDITEUR

1, RUE DU PONT-DE-LODI, 1

1868

Droits réservés

LES

CARRIÈRES D'AMÉRIQUE

Saint-Amand. — Imp. de Destenay.

LES
CARRIÈRES D'AMÉRIQUE

PAR

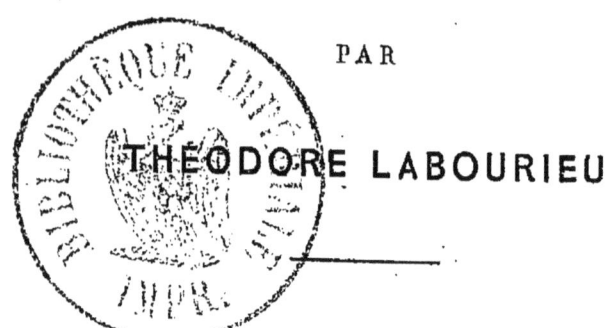

THÉODORE LABOURIEU

ORNÉES DE DESSINS DE BEYLE, GRAVÉS PAR TRICHON

PARIS

C. VANIER, LIBRAIRE-ÉDITEUR

1, RUE DU PONT-DE-LODI, 1

—

1868

Droits réservés

A

Emmanuel Gonzalès.

C'est un revenant qui vous dédie ce livre.

A vous, cette histoire telle qu'elle est, bonne ou mauvaise, parfaite ou imparfaite. A vous qui, de votre talent sincère, incontesté, m'avez guidé, le premier, dans la carrière.

Il y a vingt ans de cela! Depuis, j'avais quitté les lettres avec la conviction que l'écrivain devait être autre chose qu'un conteur plus ou moins agréable; j'avais essayé d'être utile. Mon Temps m'a appris que je m'étais trompé. Je suis rentré dans la littérature comme un blessé, heureux d'y trouver un asile, après avoir été tant meurtri par la sottise, la rancune et l'envie!

N'importe! le revenant, le blessé n'est pas frappé jusqu'au cœur; et son cœur bat encore pour la reconnaissance.

Je le prouve, bien modestement, il est vrai, en vous dédiant ce livre.

Votre sincère ami,

THÉODORE LABOURIEU.

LES CARRIÈRES D'AMÉRIQUE

LES
CARRIÈRES D'AMÉRIQUE

I

L'AMÉRIQUE

Un soir de l'année 1820, un homme suivait un sentier conduisant à une vaste gorge, au bout de laquelle se trouve encore aujourd'hui l'entrée des plâtrières creusées aux flancs des buttes Chaumont, derrière l'ancien village de Belleville.

Le temps était lourd, la nuit profondément noire. A peine voyait-on à deux pas devant soi, grâce à une vapeur lumineuse qui rayonnait des maisons du faubourg comme la lueur d'un incendie.

L'inconnu, qui se dissimulait dans l'un des chemins creux de ces plâtrières, aurait pu se croire au milieu de la campagne. Le silence solennel qui régnait autour de lui n'était interrompu que par ce grondement sourd, semblable à celui de la mer qui s'échappe toujours des entrailles des grands centres de population.

Cet homme était enveloppé d'un manteau; il paraissait embarrassé d'un objet qu'il dissimulait sous les plis de son long vêtement.

Il avait l'air inquiet; il détournait souvent la tête, comme s'il craignait d'être suivi.

Évidemment, il marchait de compagnie avec une conscience troublée ou coupable.

Les ombres que projetaient les sinuosités de la route, les rayons de la lune qui brisaient ces ombres par diverses traînées blanches, tout donnait au paysage une animation fantastique, peu faite pour calmer l'émoi de l'homme au manteau.

Il regardait, en dehors de la gorge, le corps de bâtiment, surmontés d'une tourelle, dont on ne distinguait que la silhouette.

Ses regards s'attachaient sur l'unique fenêtre éclairée de ces constructions, appartenant à la même plâtrière, comme l'indiquait la girouette de la tourelle, où l'on voit encore écrit le mot: AMÉRIQUE.

En 1820, ces maisons, moitié fabrique, moitié château, avaient pour propriétaire un grand scigneur irlandais, Fitz-Merald, allié depuis la première révolution à une famille française, les Saint-Maxent.

Cet Irlandais, expatrié, ruiné, à la suite d'une révolte de ses compatriotes contre les Anglais, était allé chercher fortune en Amérique; puis, riche de plusieurs millions, il était revenu en France, et avait acquis, au compte d'un Français, l'exploitation de la principale plâtrière de Belleville.

C'était à son propriétaire qu'elle devait et sa dénomination et ses dépendances, tenant plus du château que de la fabrique.

L'*Amérique* n'a pas changé, pas plus que ses deux grands corps de bâtiment, qui, par leur architecture, rappellent un ancien domaine seigneurial, ce qui jure avec l'aspect plébéien des hangars, des fours à plâtre et des bureaux de fabrique contigus au château.

C'était la fenêtre éclairée d'une de ses ailes qui préoccupait vivement l'homme au manteau.

Quoiqu'on fut en hiver, malgré la neige qui frangeait la silhouette argentée du vallon, le visage de l'inconnu était couvert de sueur.

Après avoir jeté un dernier regard sur la lumière où paraissait se concentrer toutes ses pensées, il continua sa route. Il s'avança précipitamment vers un trou noir, ouvert devant lui à la base de la montagne, au fond du ravin.

Parvenu en cet endroit, il s'arrêta de nouveau avec son fardeau, autant pour se reposer que pour calmer les agitations de son âme, plus violentes encore que les palpitations de son cœur.

— Il n'y a pas à hésiter, murmura-t-il, il faut confier ce petit être au bohémien que m'a recommandé Valeda ; l'honneur des Merald en dépend !

Sa pensée, plutôt que ses lèvres, avait formulé ces paroles.

Puis, avec une sollicitude toute paternelle, il avait eu le soin de ramener les plis de son manteau sur l'objet qu'il tenait sous son bras : un berceau d'enfant, à en juger par sa forme.

Au moment où il se présenta à l'entrée de la plâtrière, trois hommes cachés dans une cabane à clairvoie, posée à l'entrée du ravin, observaient l'inconnu.

Un être d'une stature gigantesque, vêtu comme un hercule des foires, était hissé sur le toit ; il tenait une pierre énorme, qu'il se disposait à lancer sur l'homme traversant le ravin.

Mais bientôt l'hercule s'arrêta, il descendit du toit, et, après réflexion, il courut rejoindre ses compagnons, dont un, porteur d'une lanterne sourde sous sa blouse, s'avança le long des parois intérieures de la grotte.

Les autres le suivirent avec précaution ; ils accompagnèrent l'inconnu, pendant que celui-ci, perdu dans la nuit, épiait un bruit de pas ou un rayon de lumière qui dût le guider dans ce sombre et mystérieux dédale.

Les autres, habitués aux ténèbres, familiers avec le terrain, attendirent que l'homme fût entré avant de l'aborder; ils le suivirent jusque dans ses hésitations, s'embusquant dans chaque anfractuosité de rochers, se dissimulant derrière chaque pilier, à mesure que l'inconnu s'avançait sous la voûte.

Ils l'écoutaient marcher, ils le voyaient toujours; eux, on ne les entendait ni ne les voyait: depuis longtemps, ils avaient appris à ramper sans bruit et, sans être vus, dans ces endroits dangereux, leur asile et leur empire.

Lorsque l'inconnu eut fait une vingtaine de pas dans l'intérieur de la carrière, la lumière vint à sa rencontre.

Elle forma une espèce de fanal, dont s'empressa de profiter notre personnage, qui semblait l'attendre.

Aussi se dirigea-t-il vers le porteur de la lanterne, qui, de son côté, tourna brusquement les rayons du fanal sur le nouveau venu, pour l'examiner des pieds à la tête :

— Jean! s'écria le porteur de la lanterne.

— Le Renard! répondit l'autre désappointé; ce

n'est pas toi que je dois rencontrer ici, c'est Issakar!

— On me rencontre toujours, répliqua le Renard, vieillard long et osseux, qui remplissait aux carrières, comme l'indiquait son sobriquet, les triples fonctions de concierge, de surveillant et de *cicerone*.

— Alors, c'est donc toi qui va me conduire?

— Tu l'as dit, toi et le *mioche* que tu caches avec tant de soins sous les plis de ton manteau.

— Chut! dit Jean, un doigt sur sa bouche, pendant que le Renard ne quittait pas des yeux ses compagnons blottis derrière les piliers.

— Je comprends, ajouta le vieillard d'un ton narquois, tu as peur, à cause du secret que tu n'es pas seul à posséder ; tu aurais voulu, n'est-ce pas, dans l'intérêt et pour l'honneur de tes patrons, qu'il n'y eût que Valeda et toi qui connussent la faute de notre maîtresse? L'honneur d'une grande dame ne se sauve pas sans compromettre d'abord beaucoup de pauvres diables comme nous.

— C'est bien! s'écria Jean avec sécheresse, conduis-moi vers Issakar, et ne me fais pas perdre de temps avec tes sottes réflexions.

— Tu as raison, continua l'impitoyable cicerone, l'air est malsain ici ; l'enfant peut avoir froid, d'autant plus qu'il ne fait que de sortir du ventre de sa mère.

— Misérable ! termina Jean exaspéré par cette ignoble plaisanterie.

Le serviteur étreignit de sa main libre le bras osseux du vieillard ; il s'arrêta presque aussitôt dans son indignation, et reprit froidement :

— Conduis-moi vers l'homme à qui je dois confier l'enfant.

— Alors, suis-moi ! répondit l'autre d'un air sombre ; ici le terrain n'est pas sûr.

Puis, élevant la lanterne au-dessus de sa tête, le vieillard montra le haut de la voûte, craquelée en plusieurs endroits, soutenue par des étais de bois qui la protégeaient, à défaut de piliers, contre les dégradations que les infiltrations opèrent sans cesse dans ces plâtrières.

Jean suivit le Renard. Les trois ombres ne tardèrent pas à les accompagner.

A cette époque, cette partie des galeries offrait un asile, un refuge assuré à un grand nombre de bandits.

C'était là qu'ils se réunissaient, après la sortie des ouvriers carriers, pour se perdre dans des excavations qui, depuis longtemps, n'étaient plus du domaine des travailleurs et appartenaient exclusivement aux rôdeurs de barrières.

Ils avaient pour chef un homme redoutable, un personnage mystérieux, à qui ils obéissaient partout et surtout dans cet antre, son royaume.

Les bandits pénétraient dans ces souterrains superposés à l'aide d'échelles de cordes faciles à cacher ou à emporter.

Plusieurs de ces salles s'ouvraient par des trous au niveau du sol; malgré leur humidité, elles servaient d'entrepôts aux marchandises passées en fraude ou de lieu de recel pour les objets volés.

Il y en avait une où se trouvaient une forge, des outils de toute nature pour fabriquer de fausses clefs, et même des creusets pour fondre l'argenterie, les bijoux, et les convertir en lingots.

Cette salle s'appelait ironiquement le *magasin*; au-dessous d'elle en était une autre, appelée le *sépulcre* : elle servait de cachot, on y descendait les traîtres, les dénonciateurs ou les victimes de la bande des rôdeurs.

Le jour, ces souterrains semblaient avoir été condamnés depuis longtemps; leur orifice était soigneusement bouché par les bandits, qui ne revenaient dans cette partie de la galerie, comme nous l'avons dit, que lorsque le dernier plâtrier en était sorti.

Ces salles, condamnées en apparence, s'ouvraient précisément sur le terrain où le Renard entraînait Jean, suivi par des misérables, considérés depuis longtemps par la police comme les hôtes les plus dangereux des carrières d'*Amérique*.

Après quelques minutes de marche, durant lesquelles Jean et le Renard gardèrent un morne silence, celui-ci se retourna vers son compagnon, et, déposant sa lanterne contre un pilier, il dit à Jean :

— C'est là, au rond-point de la Croix, que tu as à causer avec Issakar ; bonne chance et bonsoir.

Le Renard disparut.

Il laissa son compagnon dans un vaste espace qui recélait les souterrains que nous venons d'indiquer.

La galerie décrivait une légère courbe, en s'enfonçant sous la montagne, jusqu'à ce rond-point de la Croix.

Cet espace était assez vaste pour permettre à cinq ou six voitures d'évoluer avec leurs attelages.

Trois autres chemins y aboutissaient, tous conduisant à des séries de salles, soutenues par des piliers de gypse.

Des bancs, taillés dans la pierre à plâtre, étaient ménagés autour du rond-point.

Au milieu, on voyait plusieurs seaux remplis de chaux, oubliés par les plâtriers, ainsi que leurs outils, engins abandonnés pour être repris le lendemain, à l'heure du travail.

Jean ne resta pas longtemps seul au carrefour.

A peine le Renard fut-il parti que le plus grand des trois qui n'avaient pas quitté Jean des yeux, s'avança vers lui; il laissa ses deux complices derrière un pilier.

C'était l'homme que nous avons vu sur le toit. Il était gigantesque; il avait une face horrible et crapuleuse. Il était vêtu d'un maillot couleur de chair, chaussé de brodequins hideux. Sa figure de calmouck était encadrée de longs cheveux noirs et graisseux. Il se présenta devant Jean d'un air déterminé, il lui demanda d'un ton brutal :

— Tu as l'objet?

— Oui, lui répondit-il sur le même ton; mais avant de te confier l'enfant, il faut que tu me jures qu'il ne lui sera fait aucun mal.

— C'est mon affaire! répliqua le bandit, haussant les épaules et regardant avec pitié celui qui hésitait à sortir de son manteau son précieux dépôt.

— Mais n'est-ce pas la volonté de Valeda que je transmets ici au nom de ma maîtresse?

Cette fois, la voix de Jean tremblait, il avait peur pour l'enfant.

La peur de l'un ne fit que redoubler l'insolence de l'autre.

— Ah! c'est Valeda, mon *ancienne,* répliqua le colosse, qui t'a confié le *môme?* Eh bien! s'il ne m'est pas permis de lui donner son compte à elle, tu vas payer pour elle et la bâtarde, toi!

Il s'élança sur lui, il lui arracha violemment le berceau des mains.

Jean n'essaya pas de lutter; il craignit, dans un combat inégal, que l'existence du nouveau-né ne fût à l'instant compromise; il se laissa prendre le berceau, duquel on vit un petit être sortir et étendre les bras, comme si, déjà, il eût eu la conscience du danger qu'il courait.

Une fois que le bandit eut le berceau en son pouvoir, et qu'il l'eut déposé sur un banc, Jean lui dit, la colère dans les yeux, la menace à la bouche :

— Valeda, ta maîtresse, Valeda, au nom de qui je sauve la nièce de M. de Merald, Valeda t'aurait appartenu? Tu en as menti, lâche !

— Voilà des mots que tu ne répéteras plus, mon domestique! répliqua le géant, les bras croisés en face de lui; puis après avoir dessiné sur ses lèvres un ignoble sourire, il appela :

— A moi, Tamerlan! à moi, Petit-Suisse! Arrivez, les autres, enchaînez-moi ce chien enragé!

Les misérables, restés d'abord en observation, bondirent aussitôt sur Jean. A l'aide de cordes cachées sous leur blouse, ils lièrent le malheureux, incapable d'opérer un mouvement de retraite. Dès qu'ils lui eurent attachés les mains, les pieds, ils lui appliquèrent un bâillon sur la bouche et l'étendirent sur un banc.

Issakar regarda faire ses associés; il jugea inutile de se mêler de la partie.

Seulement, dès que Jean fut porté sur la pierre, dès qu'il fut sans force et sans voix, il lui demanda d'une façon ironique :

— Eh bien! répéteras-tu que je suis un lâche?

Il ne pouvait lui répondre qu'en le défiant du regard, c'est ce qu'il fit.

Issakar ajouta :

— Ah! tu me braves, parce que tu sais qu'il ne nous est pas permis de nous en prendre à la bâtarde; parce que tu sais que cet enfant peut nous servir un jour? Mais il n'en est pas de même de toi! Allons, défies-moi donc! Jouis de ton reste... et, pour que tu ne nous nuises plus, il faut que tu ne nous voies plus; pour que Valeda que j'aime ne t'aime plus, il faut que tu deviennes laid et aveugle!

Jean, tout garrotté qu'il était, essaya de se soulever; il était fou de terreur, ses yeux sortaient de leur orbite, une sueur froide inondait son visage.

Car, lorsque le misérable avait dit ces paroles, ses regards s'étaient portés d'une façon significative sur les seaux remplis de chaux vive.

Jean craignait de comprendre. Bientôt son doute, un doute horrible, se changea en une réalité plus horrible encore.

Sur un signe d'Issakar, Tamerlan et Petit-Suisse

se baissèrent vers l'un des seaux des plâtriers ; ils y plongèrent leurs mains.

Jean frissonna, ses cheveux se dressèrent sur sa tête ; sous son bâillon, il fit entendre un cri rauque.

Issakar jouissait des angoisses mortelles de sa victime.

L'un des associés, cependant, n'osa pas aller couvrir de chaux le visage du malheureux ; il se contenta de se diriger vers le banc vis-à-vis, de tourner près du berceau que Jean était venu confier à Issakar.

Malgré ses vives appréhensions, Jean crut que l'un des complices du bandit voulait aussi brûler la figure de l'enfant.

Alors, par un effort suprême, il rompit ses liens, déchira de ses dents le mouchoir qui lui couvrait la bouche.

Il n'était plus attaché que par les pieds.

Déjà il relevait la tête, prêt à se ruer sur ses bourreaux, quand Tamerlan, plus cruel que Petit-Suisse, inonda le visage de sa victime de cette chaux vive dont sa main était pleine.

Un cri horrible retentit sous la voûte.

Jean retomba aux pieds du banc, en proie aux plus atroces douleurs.

Il se roula sur le sol, aveuglé par cette chaux qui lui dévorait le visage et lui rongeait les yeux.

Ses bras tordus se retournèrent comme ceux d'un

épileptique. A bout de souffrances, il se roula comme un damné.

Plus il s'agitait, plus ses tortures redoublaient.

Les trois misérables riaient aux éclats en suivant ses épouvantables évolutions.

Mais, où les bandits ne tarirent pas dans leur odieuse et lâche gaieté, ce fut quand le malheureux, après s'être roulé sur le sol, rencontra l'orifice du souterrain, et qu'il y tomba en poussant un dernier cri.

Durant cette scène qui, par l'horreur, eût été digne de l'Enfer du Dante, un nouveau personnage, guidé par le fanal, était venu assister, en spectateur muet, à cet horrible jeu.

Quand la victime fut tombée dans le trou, l'inconnu, masqué contre un pilier, frappa sur l'épaule d'Issakar.

Sans se montrer à ses complices, il dit au bohémien, en lui désignant le berceau sur le banc :

— La besogne est faite : la mère de l'enfant est morte, Jean n'en vaut guère mieux, c'est ce que nous voulions. Maintenant sauvez-vous avec celle qui doit nous conduire ou sur le chemin de la fortune ou sur la route de Toulon.

— Il faut donc laisser l'homme qui est là?

Issakar lui montra le trou où était tombé Jean.

— Oui; car, désormais, il appartient au *Protée*, votre chef.

C'était le nom de celui qui exerçait un pouvoir absolu sur tous les scélérats venant chercher un refuge dans les carrières d'Amérique.

— Compris, monsieur Quinet, répondit Issakar, qui s'inclina avec respect, autant en l'honneur du Protée qu'en l'honneur du nouveau venu, devenant pour lui un second associé.

Mais celui-ci n'avait pas attendu sa politesse, il l'avait devancé dans sa fuite.

Cinq minutes après, les bandits étaient loin avec l'enfant apporté par le malheureux Jean.

Les carrières avaient retrouvé leur calme profond, mystérieux.

Mais la lumière brillait toujours à la fenêtre du château de la fabrique.

Au château comme à la carrière d'Amérique reposait la victime d'un double meurtre.

La lumière lointaine n'éclairait plus qu'un cadavre, celui de la mère de cet enfant apporté par Jean, qui agonisait au souterrain.

Pendant quinze ans, ce double attentat resta ignoré; il fallut quinze ans de méditation par ceux qui l'avaient commis ou qui en avaient souffert, pour qu'il trouvât enfin des vengeurs.

Encore ce double crime devait-il en susciter bien d'autres!

II

LE BOXEUR

— A quat' sous la belle Valence! à quat' sous! voyez, Messieurs, choisissez! à quat' sous la valence, à quat' sous!

— A la fraîche! qui veut boire? à la fraîche!

Tels étaient les cris que proféraient, à gorge déployée, les marchands de coco et les marchands d'oranges de chaque côté du fameux cirque de la *barrière du Combat*.

Il était deux heures de l'après-midi. La foule encombrait les abords du cirque.

Le tumulte du public ne pouvait couvrir complétement le tintement de la clochette et la voix glapissante des industriels en plein vent.

Le temps était gris, brumeux, peu favorable au débit de la marchandise, hors de saison, de ces commerçants.

On était au mois de février de l'année 1835; quinze ans s'étaient passés depuis les événements survenus à l'*Amérique*.

Le public attendait la représentation donnée par le célèbre Monroy, le directeur du cirque, le maître des animaux *féroces*, destinés à lutter contre une collection de boule-dogues d'humeur non moins débonnaire.

Devant l'arène, les marchands de coco, les marchandes d'oranges s'épuisaient avec un égal insuccès à appeler la pratique; et la foule passait affriolée uniquement par l'affiche placardée à la porte du théâtre.

Alors les débitants avaient jugé inutile, vu la composition du public, d'attendre ou d'appeler plus longtemps la pratique.

Il n'était resté qu'une seule marchande d'oranges.

Une fois la chaussée vide, on vit en face du cirque, tournant le dos à la barrière, un homme qui n'avait pas bougé de la place occupée, un instant auparavant, par le public.

C'était un paillasse, un pitre à la face noiraude et abjecte.

Depuis une demi-heure, il semblait garder l'endroit où son patron, le célèbre Issakar, l'hercule du Nord, avait causé les délices de la foule, avant l'ouverture du cirque.

Ce pitre, coiffé d'un feutre gris en forme de tricorne, vêtu d'un pantalon de paillasse, d'une veste à l'espagnole, fumait tranquillement sa pipe, les mains collées sur ses genoux, les jambes croisées sur un tabouret.

Il observait un personnage resté comme lui sur la chaussée, qui paraissait aussi attendre quelqu'un, tout en se dissimulant derrière l'unique marchande d'oranges restée à son poste.

Ce personnage portait le triste uniforme des croque-morts. Il dérobait une partie de ses traits affreusement rongés, sillonnés de profondes cicatrices, sous un vieux chapeau de feutre.

Il semblait médiocrement rassuré de la persistance du pitre à le regarder, lui et la marchande.

Bientôt un individu, mis avec la dernière recherche, âgé à peu près de trente-cinq ans, passa contre le pitre et s'avança vers le théâtre.

A la vue de l'élégant, le paillasse quitta son tabouret; il opéra un mouvement de retraite qui parut se communiquer au croque-mort.

Le pitre ne fut pas sans surprendre le mouvement de ce dernier; il murmura d'un air de satisfaction :

— Ça y est! c'est notre cauchemar!

Puis, le saltimbanque, reportant ses regards sur l'étranger, vit celui-ci tourner à droite, au lieu d'entrer au cirque, et aviser la marchande d'oranges.

Sans doute le croque-mort n'avait attendu que cette rencontre pour s'esquiver, car le pitre ne l'aperçut plus.

Frappant l'extrémité de sa pipe contre un des bâtons de son siége, sans quitter l'élégant des yeux, il continua à se consulter :

— Celui-ci, dit-il, c'est notre homme, notre Anglais, aussi vrai que l'autre est Jean, l'ancien des carrières, et que la marchande d'oranges est la mère Bigorneau, la veuve du Renard d'Amérique? Si ce n'est pas tout ça, ajouta-t-il en s'éloignant, sans songer à reprendre le tabouret de son patron, je ne veux plus m'appeler Lonjarret, l'allumeur médaillé d'Issakar, dit *Bras-de-Fer!* Mais il ne s'agit plus de *bourlinguiner* ou de faire le lézard sur la place publique; il faut s'apprêter à la rude besogne préparée par les époux Gros-Gaillard!

Le pitre, après avoir fait quelques pas, s'arrêta, se gratta l'oreille, puis se dit encore :

— C'est égal, c'est un rude travail! Je préférerais faire des sauts de carpe au-dessus de mille millions de lames de sabre ? Bast ! acheva-t-il avec un mouvement plein de résolution ; après tout, je suis payé !

Le saltimbanque disparut derrière l'encoignure du mur du cirque, d'où l'on commençait à entendre les aboiements des chiens, les grognements de l'ours, les lazzis et les rires du public.

Il s'engagea dans une ruelle bordée par une maison à quatre étages ; il fila dans son allée au moment où l'élégant demandait tout bas à la marchande d'oranges :

— Dites-moi, ma brave femme, ne vous appelez-vous pas madame Bigorneau ?

La marchande, âgée de cinquante-cinq à soixante ans, au visage des plus honnêtes, ne put contenir un mouvement d'appréhension à cette interrogation imprévue.

— Oui, monsieur, lui répondit-elle avec embarras, c'est mon nom, pour vous servir ; voulez-vous de la valence, premier choix, vraies oranges d'Espagne.

— Je prends tout votre éventaire, répliqua l'étranger sans se soucier de l'air stupéfait de la marchande ; et il continua.

— Dites-moi, n'avez-vous pas été mère nourricière, avant d'être marchande d'oranges ? n'avez-vous pas habité Saint-Maxent, avant de venir vous fixer à Paris ?

— Oui, monsieur, répliqua-t-elle avec plus d'embarras encore.

— N'avez-vous pas été au service de la famille Saint-Maxent, lorsqu'elle résidait dans la capitale.

— Oui, mon bon monsieur, répondit-elle, dans une inquiétude croissante, quand ma chère maîtresse vivait encore! J'étais alors en service avec mon homme à la fabrique d'Amérique, tout près d'ici. En ce temps-là, j'avais encore mon pauvre défunt, Bigorneau, dit *le Renard* des carrières...

Ces paroles, qui rappelaient de funestes souvenirs à l'inconnu, lui firent froncer les sourcils; un nuage passa sur son front.

La femme contint les élans de sa tendresse rétrospective pour se livrer à de nouvelles craintes.

L'inconnu continua :

— Et dites-moi, vous voyez souvent, sans doute, un nommé Jean le fossoyeur?

— C'est-à-dire qu'il me fréquente.

— Le connaissez-vous de longue date?

— Non, monsieur.

— Savez-vous ce qu'il était avant d'être croque-mort ou fossoyeur?

— Non, monsieur, je vous le jure.

— Vous me mentez!

— Oh! je vous jure que non, monsieur.

— C'est bien, je le saurai dans une heure ; où habitez-vous ?

— Là ! mon bon monsieur, répondit la marchande en désignant la plus haute fenêtre de la maison que venait de gagner le pitre Lonjarret.

— Parfait ! répliqua l'inconnu en inclinant la tête; puis se ravisant, mais n'avez-vous pas aussi un autre domicile ?

— Oui, continua-t-elle, de plus en plus tremblante ; oui, au passage Saint-Pierre, barrière Clichy ; c'est-à-dire, c'est mon fils qui habite le passage. Oh ! c'est un brave garçon que mon fils, un cœur d'or, un honnête ouvrier comme je suis moi-même une honnête femme ! Et si monsieur, comme je le suppose, est un inspecteur, il doit savoir qu'on n'a jamais eu à jaser sur le compte des Bigorneau.

— Ma bonne femme, répondit l'étranger avec un sourire plein de bienveillance, tranquillisez-vous ! Je ne suis pas un inspecteur, mais un homme qui, comme vous, a habité Saint-Maxent, et qui, comme vous, a connu votre maîtresse, une Saint-Maxent, mariée à un Saint-Sernay, je crois ?

— Est-il Dieu possible ? s'écria Mme Bigorneau, joignant les mains devant l'inconnu qui avait repris son visage sombre et triste.

— C'est la vérité.

— Et vous avez connu ma vertueuse et malheureuse maîtresse ?

— Votre malheureuse maîtresse, oui, répéta l'étranger, étouffant un soupir et glissant avec intention sur la précédente épithète. Il reprit d'un ton enjoué : Vous devez être convaincue, maintenant, que je ne suis pas un inspecteur, mais quelqu'un qui tient à se renseigner sur des détails qui l'intéressent. Vous êtes la femme que je cherchais et que l'on m'a indiquée; or, dans une heure, je veux savoir ce que vous savez sur le compte de votre ancienne maîtresse, la vérité, vous m'entendez; toute la vérité?

Il avait terminé ces mots en les soulignant d'une façon particulière; la marchande avait de nouveau tremblé et pâli.

Sans paraître s'apercevoir encore de sa vive inquiétude, l'inconnu lui glissa un louis dans la main, et, faisant semblant de lire l'affiche du cirque, il ajouta :

— Vous en aurez le double pour le secret que je désire savoir de vous.

Quittant l'affiche, il revint vers la femme; un doigt sur sa bouche, il lui répéta :

— Dans une heure, là!

A son tour, il lui désigna sa fenêtre; puis il tourna le dos à la marchande, se dirigea vers le cirque, et se dit, comme un homme qui s'est débarrassé d'un poids énorme pesant sur sa conscience :

— Voyons, maintenant, si mes chiens anglais ont eu raison des affreux boule-dogues de ce quartier.

Pendant que l'étranger entrait dans l'arène, madame Bigorneau se disposait à gagner son domicile.

Une main l'arrêta ; la marchande se retourna brusquement ; sa stupéfaction fut à son comble à la vue du croque-mort, qui, prudemment, depuis l'arrivée de l'étranger, s'était dissimulé derrière le cirque.

Retenant le bras de la marchande, ne cachant plus ses traits horriblement labourés et dont les cicatrices avaient entamé l'œil droit et une partie du nez, Jean fit de plus en plus frémir la Bigorneau.

Se souciant fort peu de ses terreurs, Jean lui répéta les mêmes paroles avec le même geste :

— Dans une heure, là !

— Oh ! s'écria la marchande devant cet horrible visage : C'était lui, ce devait être lui ! Bien sûr, il va m'arriver malheur !

Jean ne l'entendit pas, il disparut derrière le cirque.

Madame Bigorneau une fois dans la ruelle et parvenue à sa maison, se hâta de monter les quatre étages conduisant à son modeste réduit, composé de deux pièces mansardées dont les fenêtres, comme nous l'avons indiqué, donnaient sur l'arène.

Arrivée sur le palier, madame Bigorneau, vivement préoccupée, ne s'aperçut pas qu'une ombre veillait dans l'angle même de ce palier et attendait son retour.

A peine eut-elle ouvert la porte qu'il lui fut impossible de la refermer; une force supérieure à la sienne résista à ses efforts.

Une tête ignoble, celle du pitre, qui, une demi-heure auparavant, n'avait pas perdu de vue la marchande, se montra tout à coup.

Avant qu'elle eût pu pousser un cri, le pitre s'avança contre elle, après avoir vivement refermé la porte; puis, il s'empara des bras de la victime, muette, altérée, la bouche sèche, les yeux hagards, et s'écria :

— Mère Bigorneau, vous avez bien vu le muscadin qui vous a parlé tout à l'heure ?

— Oui; eh bien ! — articula la pauvre femme, tremblant de tous ses membres, les genoux fléchissants, prête à tomber aux pieds du saltimbanque qui, déjà, levait un poing sur elle.

— Eh bien ! vous ne le reverrez plus !

Et, acculant la malheureuse contre la muraille, il lui asséna sur la tête un vigoureux coup de poing, tout en essayant de l'étouffer d'une main qui lui formait comme un cercle de fer autour du cou.

Se débattant avec cette rage folle, cette force surhumaine que donne l'amour de la vie, elle s'élança à la fenêtre, l'ouvrit avec fracas, et cria au secours.

Ce fut au tour du bandit à trembler.

Il se rassura bien vite quand il entendit les cris de la victime se perdre dans le tumulte formidable qui s'échappait de l'enceinte du cirque.

Voici ce qui s'était passé dans l'arène au moment de la tentative de meurtre du pitre Lonjarret sur la personne de madame Bigorneau.

A la suite de forts paris engagés entre messieurs les bouchers, propriétaires de boule-dogues de race bâtarde et un propriétaire de deux boule-dogues pur sang, les premiers animaux avaient été battus par les derniers.

Les boule-dogues pur sang appartenaient à l'étranger que nous avons vu entrer au cirque, après s'être entretenu avec la marchande d'oranges.

En un clin d'œil, les chiens anglais avaient étranglé, éventré les chiens des bouchers; en quelques minutes, l'arène offrait le spectacle d'un carnage qui n'avait pas paru du goût des pratiques du père Monroy.

Un cri de rage s'était fait entendre dans la foule, une troupe de garçons bouchers s'était précipitée dans la mêlée.

Armés de deux gourdins, ces messieurs de l'étal avaient fait, à grands cris, une décharge sur les boule-dogues pur sang.

En ce moment l'étranger, le propriétaire des chiens vainqueurs, entrait dans le cirque.

Il vit ce qui se passait ; pâle de colère, et n'écoutant que son indignation, il bondit dans l'enceinte, arracha un gourdin des mains d'un boucher et se mit à défier le gros de ses adversaires.

A un combat d'animaux allait succéder un combat d'hommes.

La mêlée menaçait d'être générale, quand l'inconnu, prêt à rejeter son bâton, dit au plus furieux de ses adversaires :

— Je défie le plus fort d'entre vous, comme mes chiens ont défié les plus forts de vos boule-dogues.

Un boucher, au corps trapu, aux membres ramassés se présenta pour répondre au défi de l'étranger. Après avoir lancé, loin de lui, son gourdin, il présenta à son antagoniste ses deux poings en le menaçant au visage, à la poitrine.

L'inconnu, après avoir aussi jeté son arme, retroussa ses manches ; il se mit en garde devant l'homme trapu.

Il attendit sans broncher, son premier coup de poing, qui le frappa sans le faire reculer ; puis, bondissant sur lui, il l'atteignit au-dessous du front, entre les yeux; le sang en jaillit, il tomba aveuglé aux cris d'indignation et de vengeance proférés par tous les assistants.

Ce fut à ce moment, que la voix éplorée de la malheureuse Bigorneau fut étouffée par les vengeurs du boucher terrassé.

Déjà, ces derniers allaient se ruer sur le triomphateur; l'étranger, malgré son sang-froid, en dépit de son adresse, eût infailliblement succombé sous le nombre, quand il fut protégé par un personnage dont la présence était au moins fort singulière au cirque de la barrière du Combat.

Ce personnage, c'était Jean, le croque-mort.

Sans tenir compte du danger, il se jeta dans la mêlée; il parvint jusqu'aux combattants; il cria un nom fort redouté aux faubourgs, et qui arrêta comme par enchantement tous les gourdins.

— Mes amis, dit le croque-mort, poussant derrière lui l'inconnu vers la sortie, mes amis ne faites pas de mal à cet homme, il est des vôtres; c'est l'*Anglais*, c'est le *Boxeur!*

Le sinistre costume de Jean, et ce nom populaire au faubourg, intimidèrent les irascibles bouchers.

Ce moment de suspension suffit pour permettre à l'inconnu de gagner la porte du cirque, et de demander à la fois à Jean, qui essayait de s'esquiver :

— Qui es-tu, toi qui m'as fait venir ici pour

me rappeler un passé que je voudrais toujours oublier?

— Un homme qui veut vous sauver de vous-même.

— Dans quel but?

— Je ne puis vous le dire.

— Mais ton nom, je l'ai connu autrefois?

— Jean n'est pas un nom. Bonsoir, monsieur le marquis, songez qu'on vous attend à deux pas d'ici, comme je vous attends, ce soir, barrière Clichy, passage Saint-Pierre.

Le croque-mort s'esquiva derrière le cirque.

L'étranger, tout en parlant au croque-mort, avait aussi franchi le seuil du théâtre.

Une fois hors de l'arène, il oublia ses adversaires; et sur la recommandation de Jean, il ne se rappela plus que le rendez-vous qu'il avait donné à la marchande d'oranges.

Il se demanda quel était cet homme qui le connaissait si bien, qui venait de l'appeler par son titre de marquis, mais que lui ne se rappelait que très-vaguement.

Sans songer à ce qu'étaient devenus dans la bagarre ses chiens favoris, il s'empressa de se rendre au logis de la mère Bigorneau.

Après être monté jusqu'à un quatrième étage, après avoir poussé une porte entre-bâillée, un horrible tableau s'offrit à ses yeux.

Madame Bigorneau était étendue sans vie près de la fenêtre où, quelques secondes auparavant, elle avait en vain imploré du secours !

Des flots de sang s'échappaient de ses narines, de sa bouche ; ils inondaient ses vêtements.

L'étranger poussa une exclamation d'horreur. Il posa la main à son front ; après s'être un instant recueilli, il s'écria :

— Plus de doute, un affreux mystère pèse sur mon passé, sur la femme qui n'est plus et que j'ai seule aimée ; j'en suis sûr, voilà, oui, voilà encore une victime des infâmes qui se font dans l'ombre les bourreaux de ma vie !

Un genou à terre, il se pencha vers le corps ; il souleva sa tête livide, il appuya l'oreille sur sa poitrine et écouta si son cœur battait.

Après un moment de vive inquiétude, il murmura :

— Il faut pourtant que cette femme vive pour que je sache un jour comment frapper mes ennemis !

Pendant que ces pensées diverses tourmentaient l'étranger cherchant encore un reste de vie sur le corps de la victime, son meurtrier était loin.

Lonjarret était allé rejoindre son patron Issakar aux Batignolles, où le croque-mort avait donné rendez-vous au Boxeur.

Là, les misérables guettaient une nouvelle proie.

Et ces bandits, hôtes ordinaires des carrières d'Amérique, avaient un autre chef que celui qui, aux Batignolles, les commandait.

Encore une fois, Issakar n'était que l'instrument du maître des souterrains des buttes Chaumont, chef tout-puissant des rôdeurs de barrières : *le Protée*.

C'était ce personnage mystérieux qui avait préparé ce premier drame.

Ce ne fut que bien tard, lorsque le prétendu Anglais parvint à ranimer la pauvre femme, incapable de prononcer une parole, que l'étranger se rappela son rendez-vous avec Jean.

Il voulait être exact, pour avoir là-bas l'explication qu'il ne pouvait plus attendre ici de la victime de ses ténébreux ennemis.

Après avoir tout prévu pour que madame Bigorneau ne manquât de rien, il quitta la barrière du Combat et se dirigea vers l'ancien village des Batignolles.

III

LE PASSAGE SAINT-PIERRE

Pendant qu'avait eu lieu cette scène, Protée, le chef des bandits des carrières d'Amérique, averti le matin par Lonjarret, avait quitté les fours à briques dit : La *Rampe-des-Carrières,* où se tenait son quartier général. Il s'était rendu au passage Saint-Pierre avec quelques-uns de ses hommes.

Il était huit heures du soir, c'est-à-dire une heure avant que l'Anglais de la barrière du Combat eût eu le temps de retrouver Jean.

Une jeune fille très-pauvrement vêtue, après avoir

passé la barrière Clichy, tournait à droite de la chaussée pour s'engager dans le petit passage Saint-Pierre.

Un homme la suivait.

Il s'arrêta au moment où la jeune fille entra dans l'allée longue et sombre; humide et puante du petit passage.

Là, des hangars, des lavoirs, des dépôts de vieilles planches, des magasins de ferraille, constituent de nombreuses cours, qui s'étendent jusqu'aux écuries des omnibus; grand bâtiment aux murs sans fenêtres, dont la porte regarde sur les boulevards les arbres d'une institution religieuse.

Lorsque l'inconnue s'engagea dans le passage, à la porte duquel s'était arrêté l'homme qui l'avait suivie, six autres individus tournèrent le boulevard du côté des écuries, ils marchèrent dans la direction de l'homme près de l'allée.

Tous portaient, comme le personnage qu'ils allaient rejoindre, le sinistre uniforme des ouvriers de la Mort : l'habit gris foncé, le chapeau de feutre au crêpe éternel.

L'un d'eux, après avoir désigné du doigt l'individu qui les attendait, courut vers lui; les autres le suivirent.

Les sept croque-morts et la jeune fille gagnèrent des ruelles se dessinant entre cent masures qui tournaient, revenaient sur elles-mêmes, pour aboutir à des cours infectes, plus sombres que des trous de basses-fosses.

Ils parvinrent jusqu'à une troisième cour plus large, plus aérée que les autres.

L'inconnue aperçut un puits adossé contre un mur. Elle s'arrêta.

Les hommes, qui s'étaient coulés le long des murailles, dans les recoins les plus ténébreux, en firent autant.

La lueur incertaine d'une lanterne, placée comme par oubli sur le rebord du puits, vint se projeter sur la jeune fille, tout en laissant dans la nuit les personnages qui la cernaient.

Il était impossible de distinguer ses traits; elle tenait la tête baissée contre son châle tartan, qu'elle élevait à la hauteur de ses yeux.

Après s'être consultée, elle se dirigea vers un bâtiment placé derrière le puits.

Cette masure à deux étages, aux fenêtres fermées par des volets sans ouverture, avait, pour arriver jusqu'à sa porte, un escalier de pierre haut de quatre marches.

Lorsque l'enfant se décida à gravir l'escalier, un groupe d'individus blottis contre la margelle parut aux yeux de nos sept personnages rangé le long des murs.

Ce nouveau groupe venait du boulevard extérieur, du côté opposé à la masure.

Celui qui paraissait en être le chef, c'était Issakar.

L'hercule du nord portait un long carrick aux nombreux petits collets. A la lueur de la lanterne, sous son carrick entr'ouvert, on distinguait le costume traditionnel des hercules des places publiques : ce maillot de couleur chair, que nous lui avons vu jadis aux carrières d'Amérique.

Il était nu-tête : une bandelette de serge ponceau serrait son front, sa chevelure noire retombait jusque sur le collet étagé de son manteau.

Cette bandelette achevait de caractériser sa face d'Égyptien, à la bouche épaisse, au nez plat, aux yeux obliques, rouges et chassieux : face ignoble, féroce !

Issakar regardait la jeune fille, une main appuyée sur le rebord du puits, tandis que de l'autre il faisait signe à ses acolytes d'attendre encore avant de se précipiter sur elle.

Ébloui par la lumière, Issakar ne pouvait distinguer les sept personnages collés contre la muraille, ni le geste de l'homme qui faisait à ses hommes le même signe que le saltimbanque.

Ce fut la jeune fille qui, tremblante comme la feuille, parvenue à la deuxième marche, entrevit, en se retournant, ces divers personnages.

L'inconnue, avant de frapper à la porte, avait eu comme un pressentiment du danger qu'elle courait.

Les ombres que projetait le colosse Issakar, les silhouettes des autres individus produisaient, à travers les lueurs de la lanterne, des effets de nuits fantastiques, bizarres, inconcevables.

Un instant, la jeune fille avait cru être trompée par la peur.

Quelle ne fut pas son effroi, en se retournant, de voir s'animer toutes ces ombres, qui, de chaque côté, s'avançaient silencieusement vers elle.

Elle poussa un cri d'angoisse; elle s'affaissa sur elle-même.

Au moment où elle glissa sur les marches, elle sentit sur son épaule la main pesante d'Issakar. Une autre main vint arrêter le saltimbanque : c'était celle du chef des croque-morts.

La figure sans nez, horriblement labourée de Jean, car c'était lui, mit le comble à l'épouvante de l'enfant; sa tête retomba lourdement sur la rampe de l'escalier.

A l'instant, les six compagnons du croque-mort lui firent un rempart de leur corps et défièrent les misérables conduits par le géant.

— Si tu touches à cette jeune fille, dit le chef des six hommes, nous t'assommons, l'hercule !

— Jean! rugit l'Égyptien, qui d'abord se recula, puis il reprit avec un ricanement féroce : Mais tu sais bien que cette enfant-là ne t'a jamais porté bonheur : rappelle-toi il y a quinze ans!

A ce souvenir qui ranima sa haine, Jean ne put maîtriser un cri de rage ; elle s'apaisa pour faire place au dépit, en reconnaissant dans l'ombre le pitre de la barrière du Combat, celui qui avait violé, au prix d'un meurtre, le domicile de madame Bigorneau.

L'hercule continua :

— Lonjarret, empoigne la donzelle, elle nous appartient.

Le pitre s'apprêta à fendre le groupe des sept hommes pressés sur les marches autour de l'inconnue.

Mais il fut violemment repoussé ; une grêle de coups de poings le renvoya contre la margelle.

— Ah ! c'est comme ça que vous chiffonnez mes hommes, messieurs les trompe-la-mort ? s'écria le colosse, les bras en avant et marchant d'un pas calme contre ses adversaires. Suffit ! Haut, les amis, tête-bêche contre les porteurs de bières ! Moi, je me charge de Jean. Autrefois, il a eu la tête brûlée par la chaux ; aujourd'hui, je vais la lui rafraîchir avec l'eau de ce puits.

L'hercule entra tranquillement dans la mêlée, et en fit sortir Jean, placé le plus près de l'enfant évanouie.

Celle-ci, devant l'imminence du danger, reprit ses sens ; elle cria avec un désespoir voisin de la folie :

— Mon Dieu ! je suis perdue !

Pendant que la malheureuse se tordait de désespoir, les saltimbanques serraient les croque-morts, ils les isolaient de plus en plus de Jean et de la jeune fille.

Tous les six, refoulés contre le mur, furent tenus en respect par les bandits, menaçant de les assommer au moindre cri, au moindre geste.

L'hercule ne parut plus s'inquiéter de l'infortunée, accroupie, la tête dans ses mains, sur la dernière marche ; il s'empara de Jean, qui s'obstinait à la défendre.

Et, l'élevant en l'air, le suspendant à bras tendus, il lui dit :

— Pas de chance, mon ancien domestique ; ce n'était pas la peine d'attendre quinze ans pour avoir une pareille revanche et me livrer l'enfant que tu m'as fait rendre à son berceau. Cette fois, tu ne protégeras plus personne, foi d'Issakar ! ton secret va mourir avec toi au fond de ce puits !

— Grâce ! mon Dieu ! grâce pour l'homme qui venait me sauver ! implora la jeune fille, qui, malgré ses terreurs, comprit le danger que courait cette nouvelle victime d'Issakar.

Jean parvint, par un effort désespéré, à se débarrasser de l'étreinte du colosse ; il s'élança vers l'extrémité du passage ; il cria de toutes ses forces :

— Au secours ! à l'assassin !... à l'ass...

L'hercule courut après lui, le reprit, l'éleva de terre, puis, en le faisant tournoyer au-dessus de l'orifice du puits :

— Jean, dit-il, tu ne creuseras plus de tombes, et voilà la tienne !

Issakar allait lâcher le croque-mort.

La jeune fille poussa un cri déchirant.

Les croque-morts s'étaient esquivés, les saltimbanques avaient formé un cercle de plus en plus étroit autour d'Issakar et de Jean.

Mais, aux cris de la jeune fille, la scène changea.

Une voix se fit entendre derrière les misérables.

— Eh bien ! qu'est-ce que c'est ? on se tue ici comme au bon temps de la cour des Miracles ?

Cette voix, c'était celle de l'étranger à qui Jean avait donné rendez-vous en sortant du cirque de la barrière du Combat.

L'étranger sépara le groupe des acrobates et alla droit à l'hercule.

Le cigare à la bouche, le stick à la main, il prit la lanterne laissée sur le rebord du puits et l'éleva à la hauteur du géant.

Les saltimbanques voulurent se ruer sur le défenseur de Jean comme ils s'étaient rués sur ses compagnons.

Mais celui qui s'avança le premier contre le dandy se sentit menacé dans son équilibre par un croc-en-jambes des plus habiles ; il serait tombé, sans son adversaire qui le retint et le fixa charitablement sur le sol.

Les quatre acrobates se reculèrent comme l'hercule.

Le nouveau venu tourna autour du colosse, il alla vers Jean et lui dit :

— Allons, mon brave, sors derrière ce saltimbanque; cette fois, ne te défends plus d'être celui que j'ai connu il y a quinze ans, l'homme qui, pour moi, a eu le visage brûlé dans nos carrières; car je me rappelle tout, maintenant, grâce aux révélations de ces misérables.

Ces mots devenaient très-dangereux pour Issakar; il fit mine cependant de vouloir retenir encore ses victimes.

Mais l'étranger, dans une allure aussi dégagée que son ton était impertinent, se plaça en face de l'hercule, de façon à lui prouver qu'il était passé maître en l'art de la boxe; les poings ramassés contre sa poitrine, la tête en avant, il était prêt à recommencer la scène de la barrière du Combat, quand Jean s'écria :

— Monsieur le marquis de Saint-Sernay, si mon nom peut avoir quelque empire sur vous, j'espère que votre surnom d'*Anglais,* dit le *Boxeur,* en aura un plus grand encore sur ces hommes?

En effet, les misérables s'étaient peu à peu écartés. Pour Issakar, le marquis représentait un des héros du drame ténébreux des carrières d'Amérique. Pour les autres, il était devenu un objet d'admiration craintive ; ceux-ci se répétaient, en courbant la tête, ce que s'étaient dit aussi les bouchers de la barrière du Combat :

— C'est l'Anglais, c'est le Boxeur !

Car c'était nommer, à cette époque, l'homme le plus populaire par ses prouesses, ses folies et ses aventures de tout genre.

Le marquis de Saint-Sernay ne daigna pas remarquer l'impression produite par sa réputation.

Il se dirigea vers Jean. Il n'avait qu'un but : interroger celui qu'il n'avait pas revu depuis le terrible événement survenu aux carrières et qu'il n'avait reconnu que grâce aux dernières paroles prononcées par Issakar.

Un autre spectacle vint le distraire de sa curiosité : ce fut la vue de la jeune fille que Jean venait de défendre au péril de ses jours.

Les lueurs de la lanterne éclairaient pour la première fois les traits de l'inconnue : elle accusait une singulière beauté ; elle avait des cheveux châtains, des yeux bleus, des sourcils plus foncés que ses cheveux ; son nez aquilin avait des narines colorées de tons roses comme ses joues et ses lèvres. Elle réunissait par un singulier contraste, à la candeur, à la grâce de la jeune fille du Nord, toute l'ardeur enchanteresse de la belle fille du Midi.

Dès que Saint-Sernay l'eut entrevue, il ne put se détacher d'elle du regard, ni de la pensée.

Il ressentit une sorte d'admiration mêlée de stupeur qui embarrassa l'enfant, à peine remise de ses poignantes émotions.

Jean comprit l'embarras de la jeune fille, le saisissement du marquis; et il dit à sa protégée :

— Mademoiselle, ne restons pas plus longtemps ici; remercions auparavant monsieur le marquis qui nous a arrachés à nos ennemis.

Puis, se tournant vers Saint-Sernay, il ajouta :

— Ce n'est pas la première fois que votre réputation, un peu singulière pour un homme de votre rang, a été utile à de pauvres gens comme nous! Nous vous en remercions, Mlle Francine et moi.

— Ah! mademoiselle se nomme... interrompit le dandy.

— Francine, oui, monsieur le marquis, répondit le croque-mort, tout disposé à fuir ce lieu funeste, gardé encore de loin par l'hercule et ses acolytes.

— Mais, objecta Saint-Sernay, ce n'était pas seulement pour vous défendre, toi et mademoiselle, que tu m'avais donné, ce matin, ce double rendez-vous?

Il regardait toujours la jeune fille, lui rappelant de plus en plus un visage aimé.

— En tous les cas, reprit Jean, le lieu est mal choisi pour des confidences qui ne concernent que vous et moi.

Le croque-mort allait entraîner Francine quand un nouveau personnage s'écria derrière eux :

— Et moi, je ne suis pas de l'avis de Jean, mon noble cousin !

A ces mots, Saint-Sernay, Jean et Francine se retournèrent en proie à des impressions diverses.

Étrange rencontre : l'homme qui venait de parler avait la voix, la taille, le visage de Saint-Sernay; il portait le même costume.

— Mon cousin Bouillé ici ! s'écria avec rage le marquis.

La jeune fille regarda d'un air effaré ce qui se passait autour d'elle, comme si elle continuait d'être le jouet d'un rêve.

Jean courba la tête avec confusion et tristesse.

— Oui, votre cousin, dit cet homme, votre sosie, votre rival, qui, il y a quinze ans, aima la même femme, notre chère cousine de Saint-Maxent.

— O misérable ! misérable ! tout ton sang paiera cette injure ! s'écria le marquis s'élançant contre son sosie, calme, ironique et les bras croisés devant lui.

— Rentrez dans cette maison, mademoiselle, commanda Jean en désignant à Francine l'habitation d'en face.

Puis, se tournant vers le nouveau venu, il lui dit :

— O monsieur le comte, je ne vous aurais jamais cru capable d'une telle action; je ne vous reconnais plus !

— Pas plus que je ne te reconnais toi-même, toi qui, ce matin, as commandé le meurtre de la veuve du *Renard* des carrières, la seule femme qui, avec moi, connût les secrets de l'adultère et du crime de 1820 ?

— Moi, ce matin, j'ai commandé un meurtre ? balbutia Jean, étourdi, confondu par ce qu'il entendait.

Le nouveau personnage ajouta :

— Je le suppose, du moins, afin de mieux tromper notre cher cousin, comme tu le trompais, il y a quinze ans, en agissant aussi au compte de Valeda contre ton maître.

— Mais vous n'ignorez pas, lui répliqua le malheureux serviteur, que je n'agissais ainsi que pour sauver madame la marquise; vous le savez mieux que tout autre, monsieur le comte.

— C'est bien, assez !... s'écria le marquis de Saint-Sernay, qui frappa du pied, puis se recula du croque-mort avec dégoût. Monsieur de Bouillé, j'aurai l'honneur de me rendre demain chez vous... Adieu ! je vous laisse avec ce fourbe de Jean.

Le marquis, dans une agitation indescriptible, s'éloigna au plus vite.

Francine était depuis un instant dans la maison.

Jean doutait de ce qu'il entendait; il ne pouvait croire que ce fût le comte de Bouillé, esprit chevaleresque, cœur droit, qui tînt un pareil langage à son cousin, quand lui, Jean, était venu précisément pour soutenir à Saint-Sernay tout le contraire de ces lâches paroles.

Lorsque le croque-mort, étourdi par cette apparition et ces paroles, eut fait appel à sa raison pour répondre encore au marquis et au comte, il ne retrouva ni l'un ni l'autre. La cour était redevenue déserte et silencieuse. En vain chercha-t-il partout, il ne vit rien.

Alors il songea à sa protégée, rentrée dans la maison d'en face ; au moment d'en gravir les marches, il lui sembla entendre dans l'autre cour, donnant sur la rue de Clichy, comme des chuchottements de voix et des éclats de rire étouffés.

Du reste, la lanterne n'était plus sur le rebord du puits, il fallait qu'on fût revenu la chercher ; les saltimbanques ne devaient pas être loin : le danger n'était pas passé pour Francine.

Voilà ce que se dit Jean en sortant de l'escalier pour se glisser le long de la muraille jusqu'à l'allée de la seconde cour.

Arrivé là un nouveau spectacle lui expliqua le mystère de l'étrange scène qui venait de se passer.

Issakar, au milieu de ses associés, tenait en l'air sa lanterne ; il l'élevait au-dessus de la tête d'un homme qui ôtait sa perruque et se débarrassait de ses habits d'emprunt. Cet homme disait à voix basse à Issakar :

— Eh bien ! comment trouves-tu que j'ai joué

mon personnage? Jean et le marquis s'y sont laissés pincer les premiers; nous les tenons avec leur donzelle. Mon adresse vaut un peu mieux que vos meurtres et vos enlèvements avortés. Maintenant, filons; nous sommes à deux pas du poste, et les braves croque-morts peuvent avertir en ce moment la force armée. Et, cette nuit, aux carrières d'Amérique.

Jean resta ébahi, étourdi, le cou tendu vers l'angle du couloir où il venait de voir et d'écouter ce singulier personnage; puis il murmura :

— Le Protée! c'était lui, c'était le chef de ces misérables! Il avait pris le costume, le langage, jusqu'à la physionomie du comte de Bouillé! Je ne m'en étais pas douté! Et je prêtais au comte d'aussi bas sentiments! O infâme Protée! toi à qui je dus autrefois mon infirmité et mes malheurs, tu mourras, dussé-je périr avec toi et la grande dame qui t'emploie!

En ce moment, Protée, qui avait provoqué ces derniers incidents, et qui, pour les accomplir, ne prenait jamais conseil que de lui-même, quitta les bandits et se dirigea seul vers son empire : les carrières d'Amérique.

De son côté, le croque-mort remonta les marches de la maison où il avait fait entrer d'abord sa protégée.

Et le passage Saint-Pierre rentra dans sa solitude.

IV

LE CABARET DU PÈRE SOURNOIS

La fabrique d'Amérique, comme nous l'avons dit, appartenait à un grand seigneur irlandais, Fitz-Merald; elle était régie, depuis la mort de la femme d'un de ses neveux, par un nommé Quinet.

Ce dernier, que nous avons vu figurer dans la tentative de meurtre opérée aux carrières d'Amérique, cumulait l'emploi de marchand bijoutier, avec la fonction de régisseur des carrières des buttes Saint-Chaumont.

Quinet avait une très-mauvaise réputation.

On disait qu'il n'était le représentant des intérêts des Fitz-Merald, que parce qu'il s'était mêlé aux ténébreuses intrigues qui, en 1820, avaient causé la mort de la marquise de Saint-Sernay.

Voici comment la rumeur publique commentait cette mort : Mademoiselle de Saint-Maxent, cousine de Saint-Sernay, avait aimé, avant d'épouser ce dernier, son cousin germain, le comte de Bouillé.

Sitôt après son mariage, Saint-Sernay avait été obligé de suivre Fitz-Merald, son grand-oncle, en Amérique, où celui-ci possédait des biens immenses.

Le comte de Bouillé était resté en France pour veiller, avec une autre cousine, la comtesse de Bouillé, sur les intérêts de leur oncle Fitz-Merald et de leur cousin Saint-Sernay.

Mais Bouillé, disait-on avec malignité, avait si bien remplacé le mari de mademoiselle Saint-Maxent, qu'il était né un enfant de leur commerce adultérin.

Au moment où le marquis de Saint-Sernay retournait en France pour se rendre auprès de sa femme, elle était sur le point d'accoucher.

La nouvelle du retour de son mari, ajoutait la rumeur publique, opéra un tel saisissement chez l'épouse coupable, qu'elle mourut avant de donner le jour à son enfant.

Mais les évènements qui avaient eu lieu en 1820,

tant dans les carrières, qu'au château de la fabrique, donnaient un secret démenti aux bruits répandus par l'opinion générale.

Qui avaient conduit ces événements et fait agir les obscurs agents de leurs secrètes péripéties?

Deux personnages : la comtesse de Bouillé, rivale de la marquise de Saint-Sernay et le chef des bandits des carrières d'Amérique, le Protée; ce dernier ne s'était mêlé que plus tard à ces intrigues, n'agissant que pour son compte personnel à travers les menées de ses complices.

Mais comment Jean, l'ancien serviteur des Saint-Sernay et des Saint-Maxent, Jean qui paraissait être un honnête homme, avait-il pu se prêter à ses odieuses manœuvres?

On l'avait abusé, en lui faisant accroire, par l'entremise d'une nommée Valeda, sa maîtresse, que l'enfant de la marquise provenait d'une union coupable entre elle et le comte de Bouillé.

Et comme on craignait le repentir de cette honnête dupe, on avait décrété sa mort, une fois certain de sa complicité.

Comment échappa-t-il aux embûches de ses ennemis, après avoir remis l'enfant à Issakar, à la suite de son horrible martyre qui le défigura?

C'est ce que le cours des événements nous apprendra.

Toujours est-il qu'à la suite de la mort de la marquise, ni le marquis de Saint-Sernay, ni le comte de Bouillé, ne reparurent à la fabrique.

Quinet en obtint la gérance par la protection de la comtesse de Bouillé, qui, depuis l'éloignement des deux cousins, avait pris un grand empire sur Fitz-Merald, leur oncle.

Lui, non plus, après la mort de sa nièce, bien-aimée, ne parut plus à l'*Amérique,* et il fit jurer au marquis de Sernay, de ne jamais rechercher les causes de la mort imprévue de sa femme.

Fitz-Merald, qui avait mené une existence aussi aventureuse que galante, alors accablé d'années, sur le bord de la tombe, espérait, par ce serment, ne pas se priver de ses deux neveux, les seuls parents qui lui restaient avec sa nièce, la comtesse de Bouillé.

Saint-Sernay, lié par ce serment, pour ne pas se parjurer, faisait tout ce qu'il pouvait pour éviter la rencontre de son cousin, son ex-rival, le comte de Bouillé.

Le marquis entreprenait de fréquents voyages en Irlande, en Angleterre; mais, là, comme en France, le désir de venger sa femme le reprenait toujours.

Il cherchait à oublier dans l'orgie, dans l'entraînement d'une vie folle et désordonnée un passé qu'il ne parvenait pas complétement à effacer de sa mémoire.

Il en était de même pour Bouillé, qui, pourchassé par des calomnies dont il ne pouvait se laver, gaspillait aussi sa vie dans la débauche et l'orgie.

Par une singularité étrange, quoique ne portant pas le même nom, Bouillé et Saint-Sernay se ressemblaient au point qu'on les confondait toujours l'un pour l'autre. Cette singularité s'expliquait, puisque les deux cousins étaient les enfants des deux sœurs, mariées à des hommes de la même famille.

Bouillé et Saint-Sernay étaient un seul individu pour le public. Comme le marquis était le plus riche et l'aîné de la famille, toutes les excentricités, toutes les folies du plus jeune passaient sur le compte de l'aîné.

Cela provenait encore d'une manœuvre des ennemis de Bouillé, afin de perdre davantage ce dernier dans l'esprit de Fitz-Merald, dont l'indulgence avait fini par se lasser, en signifiant au comte qu'il ne paierait plus ses dettes.

Cette détermination du grand parent avait eu lieu au moment où le marquis de Saint-Sernay était revenu en France, huit jours avant les derniers événements que nous venons de raconter.

Qui les avait provoqués ?

Une révélation faite à Jean qui, depuis quinze ans, s'était soustrait aux poursuites de ses ennemis, veillant en secret sur l'enfant que, d'abord, on lui avait fait perdre.

Grâce au triste emploi qu'il avait accepté pour vivre, grâce aux horribles cicatrices qui le défiguraient, Jean avait cru être à l'abri des poursuites de ses ténébreux ennemis.

Comme on l'a vu, le croque-mort se trompait; ses ennemis veillaient aussi bien que lui-même.

Au retour de Saint-Sernay, ceux qui étaient intéressés à ce que Jean ne parlât pas du passé, s'étaient réveillés. Ils s'étaient placés tout à coup entre le marquis et lui, très-disposés à lui arracher encore une enfant dont il avait été, par une faiblesse impardonnable, le premier bourreau.

On a vu quel moyen avaient employé le Protée et les ennemis des deux cousins pour empêcher l'œuvre de réhabilitation rêvée par le croque-mort : La tentative de meurtre contre la mère Bigorneau, veuve du *Renard* des carrières, chez laquelle avait été élevée Francine, après avoir été arrachée des mains du saltimbanque Issakar; la séparation de Jean, du marquis de Saint-Sernay, et de Francine; pendant qu'un des principaux ennemis des Merald, avait emprunté le costume, le langage et la physionomie du comte de Bouillé pour confirmer un fait odieux qui, depuis quinze ans, désunissait cette malheureuse famille!

Le soir où Saint-Sernay avait quitté le passage Saint-Pierre et le Protée, qu'il avait pris pour son cousin, le marquis avait arrêté un fiacre, et jeté ces mots au cocher :

— Butte Saint-Chaumont, route de Belleville, au cabaret du Père Sournois.

Pourquoi se rendait-il à ce cabaret, à ce lieu de débauches, alors qu'il était si préoccupé par la rencontre du comte de Bouillé et de Francine, lui rappelant une femme trop aimée ?

Parce que, depuis la veille, il avait donné rendez-vous dans un bouge situé près de l'*Amérique,* à une nommée Bamboche, artiste du théâtre de Belleville, ancienne maîtresse de son cousin, le comte de Bouillé.

Il espérait tirer de cette fille quelques détails sur le mystère qui l'enveloppait, ressaisir le fantôme du rêve terrible qu'il faisait depuis deux jours.

Dès le principe, le marquis n'avait parlé à l'actrice que pour jouer un tour à son cousin, pour satisfaire ses goûts portés vers le plaisir facile et sans contrainte.

Car Saint-Sernay avait importé dans son pays la mode anglaise, par laquelle la haute aristocratie, à la sortie de l'Opéra ou d'un bal, ne craint pas de s'aventurer dans les plus sales quartiers de Londres pour boire avec le dernier des mendiants ou se battre avec le plus intrépide boxeur.

Or, la veille au soir de sa curieuse entrée au cirque de la barrière du Combat, le marquis avait assisté, dans une avant-scène du théâtre de Belleville, au début de mademoiselle Bamboche, la future étoile des théâtres de drame du boulevart du Temple.

C'était une soubrette de dix-huit ans, une blonde aux yeux bleus, au nez retroussé, une fille prompte à la répartie, une beauté mutine appelée à devenir une très-séduisante marton.

Lorsque Saint-Sernay lui eut fait passer de sa loge un mot galant signé de son nom de guerre : « l'Anglais, » Bamboche lui fit répondre qu'il n'avait pas besoin de tant de façon, ni de refaire surtout son écriture, pour être reçu par une vieille connaissance.

Quand le marquis parut, Bamboche à demi-déshabillée, quitta la place qu'elle occupait devant un petit miroir cassé, et courut se jeter dans ses bras, en s'écriant :

— Je savais bien que tu viendrais à ma *première*. J'espère que je suis *réussi*, hein? décidément, je mords mieux au théâtre qu'au comptoir. Je dis adieu à mon industriel de la rue du Temple; ça ne vaut pas un gentilhomme, fût-il dans la *panne* comme toi, mon comte.

— Ah ça! se récria Saint-Sernay, très-confus du baiser qu'il recevait pour un autre. Ah ça! pour qui, diable! me prenez-vous, mademoiselle Bamboche?

— Mais pour ce que tu es... répliqua l'actrice, un

peu interdite, pour un gentilhomme prêt à être mis sous clé ?

— Je ne crois pas.

— Pour mon ancien amant ?

— Pas davantage, quoique je sois sur les rangs pour le devenir.

— Ah ! la bonne plaisanterie ! soutiens tout de suite que tu n'es pas Bouillé, et que je ne suis plus, moi, ta Bamboche chérie ; es-tu fou ou gris ?

— Je ne suis ni l'un ni l'autre, répliqua Saint-Sernay d'un ton grave, comprenant une méprise dont il avait été souvent la victime ou le bénéficiaire. Et je ne m'étonne plus de votre erreur, puisque vous me confondez avec Bouillé, le comte de Bouillé, mon cousin, avec qui, moi, Saint-Sernay, j'ai une ressemblance extraordinaire, ce dont je me félicite doublement à cette heure.

— Ah ! bah ! exclama la soubrette, embarrassée, ébahie, Ah ! bah ! eh bien ! elle est bonne, celle-là ? Attendez, je me rappelle ; oui, Bouillé m'a dit qu'il avait un cousin qui lui ressemblait comme deux gouttes d'eau... C'est égal, monsieur, fit-elle avec une petite moue contristée, je vous en veux de m'avoir causé une fausse joie, il faut avoir un fameux œil pour vous distinguer de mon véritable Anglais :

— Le véritable Anglais, c'est moi, répliqua Saint-Sernay, un peu piqué.

— Pour vous, c'est possible, mais non pour moi, monsieur.

— En tous les cas, en raison de la ressemblance, je vaux mieux, je crois, que l'industriel, le ladre de la rue du Temple dont vous me parliez tout à l'heure.

— Oh! pour celui-là! ajouta-t-elle avec un mouvement de tête affirmatif.

— Et comme vous ne tenez pas à déroger, — répliqua le marquis en souriant — je vous offre à souper, demain, et où vous voudrez.

— Monsieur, vous êtes très-séduisant; où vous trouve-t-on?

— Partout.

— C'est-à-dire nulle part! répliqua vivement l'artiste. Mais, comme j'ai intérêt à savoir de vous ce qu'est devenu mon infidèle, je vais vous dire où l'on me trouve, moi.

— Au restaurant, sans doute?

— Pour un gentilhomme, — riposta la soubrette, — vous devenez moins que bourgeois; non, marquis, ce n'est pas au restaurant que je donne mes rendez-vous, c'est au cabaret.

— Ce qui revient au même; et pour souper?

— Non, monsieur, pas pour souper, mais pour faire avec moi ma partie de loto.

— Une partie de loto! Je ne comprends plus! C'est au moins très-drôle, très-extraordinaire...

— Si je n'étais pas drôle, je ne serais pas soubrette; si je n'étais pas extraordinaire, je n'aurais pas été la maîtresse d'un parfait gentilhomme comme votre cousin. Allons, demain, à dix heures, au cabaret du *Père Sournois*, route de Belleville, derrière les buttes Chaumont. Ça va-t-il, marquis?

— Demain à dix heures, mademoiselle, je deviendrai votre partenaire; mais, reprit Saint-Sernay, ne pourrais-je, dès ce soir, vous accompagner jusqu'à votre domicile?

— Non, ce soir, j'ai *mon chien.*

— Qui ça, votre chien?

— Quinet.

A ce nom, le marquis pâlit; ce nom lui était odieux. L'homme qui le portait était aussi un des fantômes de son terrible et ténébreux passé.

— C'est mon industriel de la rue du Temple, ajouta Bamboche, qui se méprit sur l'impression que le nom de Quinet avait produit au marquis. Il peut venir nous surprendre; il est très-rageur, mon chien; au revoir et bonsoir, monsieur.

— Au revoir, mademoiselle, termina Saint-Sernay, en la saluant, très-désireux de ne pas se rencontrer, surtout, en un pareil moment, avec l'homme qu'il méprisait le plus au monde.

Ce fut de la sorte qu'il prit congé de Bamboche jusqu'au lendemain où Saint-Sernay, depuis le matin, avait été en butte à bien d'autres mésaventures.

Il pouvait être de neuf à dix heures, lorsque le fiacre qui portait le marquis s'arrêta au cabaret du *Père Sournois*.

Ce cabaret faisait le coin de la rue de Belleville et de l'impasse qui va aux *Carrières d'Amérique*. Il était de plein-pied avec la chaussée, précédé d'une cour ayant une tonnelle sur la gauche, et entouré d'un mur peu élevé que surmontait une grille en bois, peinte en vert.

De la cour, les gens du cabaret pouvaient voir ce qui se passait dans la rue sans être vus, masqués encore par deux arbres de chaque côté de la porte.

Au-dessus de cette porte se dressait une enseigne peinte représentant une scène des *Petites-Danaïdes*. Le *Père Sournois,* en culotte de bazin, coiffé d'un immense tricorne, arpentait l'intérieur d'une caverne où l'on voyait au fond la fournaise de l'enfer. L'artiste avait dessiné, à travers les flammes, les nombreuses filles du père Sournois versant de l'eau dans un tonneau percé surnageant sur les flots du Styx. C'était un tableau naïf, qui ne manquait pas de comique dans sa grossièreté même.

Saint-Sernay, après avoir laissé le fiacre, franchit la cour de la taverne en homme qui connaît la maison. Il entra dans une grande pièce quadrangulaire respirant un air d'honnêteté fort rare dans les bouges de ce quartier accidenté, désert et sinistre.

On remarquait à l'extrémité de la salle un comptoir datant de l'empire, ce qui était presque du luxe.

Les murs étaient décorés de marbres verdâtres ; il y avait des tables couvertes de toiles cirées, un gros poêle ronflait au centre de la salle, éclairée par un quinquet fumeux.

Lorsque le marquis pénétra dans l'intérieur du cabaret, il se trouva au milieu d'individus parmi lesquels il reconnut Bamboche fumant une cigarette, jouant au loto avec deux personnages aux allures abjectes, quoique mis avec une certaine prétention. L'un était le nommé Gros-Gaillard, marchand de billets des petits théâtres ; l'autre, Tamerlan, que nous avons vu figurer dans le meurtre de 1820.

Tamerlan exerçait alors la profession de vendeur de contre-marques ; il était surnommé le *marqueur*. C'était le lieutenant de Gros-Gaillard.

Les autres, qui, dans un coin de la salle, préparaient un punch gigantesque aux frais du perdant, étaient aussi des Bohèmes déguisés en *messieurs*. C'étaient Petit-Suisse, dit le *ciseleur*, qui avait pris part également au meurtre prémédité aux carrières, puis Lonjarret, le pitre d'Issakar. Ils étaient en compagnie de quatre autres vauriens qui, quoique en redingote, rappelaient les bandits commandés au passage Saint-Pierre par l'hercule du Nord.

Ce dernier, avec intention sans doute, ne figurait pas dans le tableau.

— Il ne viendra pas, l'Anglais? — murmurait à voix basse Lonjarret, les yeux tournés vers la porte de la cour quelques minutes avant l'arrivée de Saint-Sernay.

— Il n'est que neuf heures et demie ; tu sais bien que ces grands seigneurs ne sont jamais pressés, — lui répondit celui qui, en face de Lonjarret, entretenait la flamme du punch.

— 22 ! les deux cocottes ! s'écria Tamerlan, d'une voix de stentor, pour couvrir la voix des indiscrets.

Puis, son loto posé, le *marqueur* regarda les bandits et leur lança des regards courroucés.

— 33 ! les deux bossus ! 7, la pipe à cet homme ! — continua dans le même but Gros-Gaillard, ayant à la main le sac aux boules, les secouant avec force, avant de poser l'une d'elles sur son carton, presque rempli, ce qui fit dire à Bamboche impatientée :

— Quand tu auras fini tes plaisanteries de concierge, mon marchand de billets ?

— Ah! tu rages, lui répondit Gros-Gaillard, secouant toujours son sac. Tu étais plus heureuse, hier, dans ton rôle de Jeannette? As-tu eu du succès, en as-tu *bu du lait!* Dire que c'est à *nos battoirs* que tu dois ton triomphe.

— Eh bien! et le talent, tu le comptes pour rien, Bibi ?

— Ma fille, ajouta Gros-Gaillard, prêt à soutirer

une nouvelle boule de loto. Ma fille, le talent sans intrigues, sans cabales ne sert qu'à nous mener tout droit à l'hôpital. Si tu n'as que ça pour te faire avancer au théâtre, je te prédis un avenir d'ouvreuse de loges; mais tu n'es pas bête, tu feras ton chemin.

— A quoi vois-tu ça, malin?

— N'as-tu pas déjà empaumé hier le *boxeur*, l'Anglais millionnaire, le neveu du patron de la fabrique, après avoir mis de côté son régisseur, lequel avait déjà supplanté ton autre Anglais ruiné, le comte, le faux nez du marquis?

— Gros-Gaillard, s'écria Bamboche indignée et lui soufflant au nez la fumée de sa cigarette; pour qui me prenez-vous?

— Pour une fille adroite et chanceuse.

— 44! exclama Bamboche, le crochet du chiffonnier! Bon, se reprit-elle, voilà que je deviens aussi bête que vous. Ah! quine? j'ai gagné! Pourtant, c'est moi qui ai le moins de lotos.

— Ce qui prouve ta chance, répondit le marchand de billets; ce qui indique que tu ne finiras pas comme madame Gros-Gaillard qui, après avoir été dame de confiance des marquises et des comtesses, en est réduite...

— A être une des plus riches marchandes du Temple! plains-toi donc? Il est vrai qu'elle est à plaindre, elle, d'être l'épouse d'un marchand de billets qui travaille, par occasion, mais qui, en revanche, boit toujours.

— Dame! riposta Gros-Gaillard, retournant les cartons à lotos, et reprenant ceux de Tamerlan, pensif, qui songeait à tout autre chose qu'au bavardage de l'artiste et du marchand de billets. Dame, tout le monde ne trouve pas comme toi des boxeurs sur sa route.

— Et qui, comme je te l'ai annoncé hier, mon gros, paieront la partie que je viens de te gagner, ajouta en ricanant Bamboche, ce qui donne raison à mon adresse. Puis elle termina tout bas et vivement à l'oreille de Gros-Gaillard : Chut! voici mon Anglais !

En effet, Saint-Sernay venait d'apparaître sur le seuil de la porte.

A la vue de tous ces gens aux allures triviales, à la figure sinistre, le marquis fit mine de se retirer.

Bamboche se dirigea vers lui; il n'eut pas le mauvais goût d'opérer sa retraite.

Mais ce qui suffoqua l'artiste autant que le marquis, ce fut de voir aussitôt les hôtes du cabaret se lever et crier à tue-tête en les entourant :

— A boire! à boire !

En même temps, Lonjarret et son camarade firent flamboyer le punch, en répétant dans un délire qui stupéfia de plus en plus l'actrice et le marquis !

— A boire ! à boire !

Le punch étendit plus longues ses langues de feu ; elles firent pâlir les lueurs du quinquet ; elles illuminèrent d'un éclat satanique la salle du cabaret.

Aux gestes fébriles des buveurs, à leur visage livide, rendu plus livide encore sous les reflets verdâtres du liquide en feu, on eût dit que cette salle, occupée un instant auparavant par de modestes joueurs de loto, était devenue tout à coup l'antre de Lucifer.

Bamboche tremblait.

Elle s'était réfugiée contre Saint-Sernay, revenu de sa stupeur, de plus en plus indigné et irrité de ce qu'il voyait et entendait.

Bien certain alors de l'innocence de Bamboche, sans doute victime comme lui de ce guet-apens aussi inattendu qu'insensé, Saint-Sernay, par dignité, jugea qu'il n'y avait plus qu'à sortir de ce cabaret, à laisser ces hommes à leur commencement d'orgie.

Le marquis, prenant le bras de Bamboche, et défiant du regard les hôtes du *Père Sournois,* se dirigea vers la porte.

Mais un vieillard, debout depuis un instant sur le seuil, alla droit au marquis ; le geste solennel, le regard courroucé, il lui défendit l'accès de cette porte :

— Monsieur mon neveu, — lui dit le nouveau

venu, — quand donc ne vous souillerez-vous plus dans l'orgie ; quand cesserez-vous de salir votre nom et le mien, ici, comme au-delà du détroit.

— Fitz-Merald ! s'écria Saint-Sernay, courbant la tête devant le vieillard dont l'air grave et l'attitude vénérable avaient imposé silence à tous les agitateurs.

Cet homme, si respectable par son grand âge, par son visage encadré de cheveux blancs, cet octogénaire dont les années avaient à peine courbé la haute taille, fit presque fléchir les genoux au marquis.

Saint-Sernay bulbutia quelques mots d'excuse, puis il s'apprêta à se retirer quand le vieillard ajouta devant Bamboche qui, elle, ne savait plus quelle contenance tenir :

— Encore, si vous n'étiez que seul à déshonorer mon nom ! Mais à cette heure même, votre cousin, votre digne cousin le comte de Bouillé, détourne aussi une mineure, une nommée Francine, m'a-t-on dit... Oh ! c'est trop de honte dans ma famille !

— Francine ? — interrogea le marquis, qui, en apprenant cette funeste nouvelle, sentit comme un fer rouge lui traverser le cœur, tandis que Bamboche, pâle comme une morte, éprouvait une torture tout aussi poignante aux dernières paroles du vieillard.

Ce fut au tour de l'artiste a entraîner le marquis vers la porte, quand celui-ci, au contraire, se disposait à presser de questions le grand vieillard.

Celui-ci répliqua avec un geste de solennelle indignation :

— Sortez, marquis ! Retirez-vous de ma présence, avec cette femme, la digne complice de vos débauches ! Évitez, devant ces hommes, si bien faits pour vous comprendre, une nouvelle occasion de vous maudire, sortez !

Le vieillard suivit ainsi du geste et du regard Saint-Sernay, qui s'enfuit, tout à la pensée que Bouillé avait enlevé Francine, et n'ayant plus qu'un but : provoquer son cousin et lui disputer sa nouvelle conquête.

Mais ce n'était pas la jalousie qui était son unique mobile comme chez Bamboche, non ; un but plus noble, ainsi qu'on le verra plus tard, dirigeait ses pas.

Sitôt que Saint-Sernay, en compagnie de Bamboche, eut fui le cabaret, le prétendu Fitz-Merald ôta sa perruque, il se dépouilla de sa douillette recouvrant des habits plus modernes, et plus conformes à son âge.

Cet étrange personnage regarda en souriant ces misérables qui, tout préparés qu'ils étaient à cette comédie, étaient restés en admiration autant par la ressemblance de cet individu avec Fitz-Merald, que par l'accent de vérité avec lequel il avait parlé au marquis.

Cet homme singulier, c'était le même que nous

4*

avons retrouvé au passage Saint-Pierre, c'était le chef de ces bandits : le Protée.

— Mes enfants, leur dit-il, je vous remercie de m'avoir si bien secondé ; le cadre était digne du tableau ! Maintenant, vite, vidons ce bol de punch, après, déguerpissez tous. Vous savez qu'il faut que je sois seul ici pour ne pas trop gêner les gens du pavillon d'à côté.

— Bravo, Protée ! — éclata Gros-Gaillard, allant à lui et lui serrant les mains. — Tu as été admirable, tu as contrefait le bonhomme avec plus de succès que tu n'imites encore ces muscadins de Bouillé et de Saint-Sernay. Je m'y connais, moi qui suis au théâtre.

— Alors, si tu es du théâtre, répliqua le Protée sans se soucier de ses compliments, — surveille de près cette Bamboche, elle peut un jour nous gêner.

— Compris ! — fit Gros-Gaillard en clignant de l'œil. — Ah ! tu es autrement comédien qu'elle. Et tu en remontrerais aux artistes de la Comédie-Française, répliqua le marchand de billets encore sur son admiration.

— Tu veux dire — lui répondit-il — que je suis comédien comme un voleur qui, pour bien faire son métier, doit en apprendre à tous les comédiens, fussent-ils du Théâtre-Français. Mais trêve de compliments, assez causé et assez boire ! Il est dix heures passées, laissez-moi, vous savez que j'ai affaire ici.

Sur un geste du Protée, les bandits s'éclipsèrent.

Pas un ne prit par la porte de la cour ; tous s'enfoncèrent sous des trappes qui, pour le commun des consommateurs, conduisaient à des caves, mais, en réalité, aux souterrains les plus secrets des carrières d'Amérique.

Resté seul au cabaret, Protée mit la tête dans ses mains ; les coudes sur la table, il se mit à réfléchir profondément.

Ses pensées étaient complexes, sinistres ; elles se roulaient sur le drame dont il tenait tous les fils à la suite du double meurtre qui avait eu lieu tant aux carrières qu'au château d'Amérique.

V

LES COMPLICES

Le cabaret du *Père Sournois,* dont les dépendances longeaient l'impasse des Carrières, avait un jardin à l'extrémité duquel s'élevait un pavillon.

C'était une masure qui paraissait abandonnée ; elle était close et n'avait pas de fenêtre du côté de la rue. Elle regardait un jardin inculte, aux bosquets défoncés, aux arbres souffreteux. Cette masure complétait l'aspect sinistre de l'enclos jurant avec la maison bourgeoise, et de bonne mine, du cabaret du *Père Sournois.*

Un quart d'heure avant l'arrivée de Bamboche et du bandit, un homme enveloppé d'un manteau était entré dans la salle ; il avait été suivi par une femme voilée.

Tous les deux avaient traversé le jardin et étaient entrés, l'un après l'autre, dans le pavillon.

L'homme et la femme causaient encore quand le Protée, resté au cabaret, s'apprêtait à les rejoindre comme il l'avait fait entendre à ses associés.

L'individu qui se trouvait au pavillon, c'était Quinet, le régisseur des carrières d'Amérique. La femme qui l'avait suivi, c'était sa complice la comtesse de Bouillé.

Quinet était un homme de quarante-cinq ans ; il était rouge de teint, il avait les cheveux plantés en forme de brosse ; il était toujours souriant. Tout en lui respirait l'activité, la bonne humeur, il aimait le bruit pour s'endormir, et pour étouffer, peut-être aussi, les cris de sa conscience.

Quoique l'industriel le plus riche du quartier du Temple, le régisseur le plus important des platrières de Belleville, Quinet n'était sérieux que dans sa boutique ou aux bureaux des carrières.

Passé l'heure du courrier, c'était le Mécène joyeux de tous les jeunes talents dramatiques, l'ami de tous les étudiants, le dispensateur de toutes les folies parisiennes.

Le viveur recouvrait le scélérat. Une fois rendu

avec la dame dans le pavillon, Quinet se retourna pour s'incliner profondément devant elle, avant de lui présenter un siége.

Mais la dame, après avoir écarté son voile, prit vivement le siége, s'asseya, engagea Quinet à en faire autant, et lui dit :

— Les cérémonies, dans un pareil établissement, sont inutiles; vous avez à me rendre compte de choses trop sérieuses pour que je veuille m'arrêter à des semblants de politesse. D'abord, pourquoi m'avoir fait venir dans ce bouge?

— Parce que, répondit Quinet, les murs de votre hôtel peuvent avoir des oreilles, et que les salons de la fabrique d'Amérique sont trop pleins de souvenirs !

— Est-ce une menace? — demanda brusquement la dame, qui dévisagea Quinet. C'était une femme aux yeux noirs, un nez mince, la bouche grande, qui ne souriait que des dents! Tout en elle accusait une nature arrogante et vindicative ; elle avait dépassé la trentaine, elle avait atteint l'âge où les plus violents désirs se règlent sur l'ambition.

— Une menace? répliqua le régisseur avec humilité; madame la comtesse ne croit donc pas à mon dévouement?

— Si, quand on le paye !

— Oh! madame la comtesse!...

— Et ajouta-t-elle, je sais, avant tout, que tu es un

homme de précaution ; voilà pourquoi tu m'as attiré ici, près de l'antre de cet homme invisible, de ce Protée, qui, malgré moi, s'est fait ton complice dans l'affaire de Valeda et de Jean.

— Madame la comtesse, répliqua l'industriel avec malice, et sans répondre à sa première question, madame la comtesse pourrait bien dire *notre* complice? N'est-ce pas, d'après les ordres de madame la comtesse, que je donnai à Valeda le poison qui devait tuer sa rivale, la marquise de Saint-Sernay? N'est-ce pas toujours d'après ses instructions, que je livrai à Jean, circonvenu par Valeda, l'enfant qu'on lui ordonnait de faire disparaître, afin d'être un jour la maîtresse absolue de l'immense fortune des Fitz-Merald.

— Puisque tu sais si bien, lui répondit-elle, le but que je veux atteindre, j'entends que tu me dises aussi celui de ce Protée qui, il y a quinze ans, a sauvé Jean de la mort, sans doute pour s'en faire une arme contre moi ?

— Ce qui prouverait, ajouta Quinet, qu'il est aussi homme de précaution ?

— Coquin ! plus de détours, réponds-moi : que veut ce Protée ? que voulez-vous, vous-même ?

— Mais, répondit tranquillement Quinet, vous protéger, vous défendre... contre vos propres imprudences.

— Tu vas me donner une leçon à présent?

— Écoutez donc, quoique léger, en apparence, à mes heures, je suis au fond un homme sérieux; or, permettez-moi de vous le dire, vous n'avez rien de ce qu'il faut pour atteindre votre but et faire rapporter l'intérêt de votre argent.

— Voilà qui est parler en bon intendant !

— Je le prouve encore, se hâta d'ajouter Quinet, heureux d'avoir détourné ainsi la conversation sur Protée. Oui, je le prouve par ma régie des carrières d'Amérique, régie qui m'est à peine payée, quoique j'eusse pu doubler le prix de mes honoraires pour le service que je vous rendis en 1820.

— Ne t'ai-je pas payé autrefois en te faisant acquéreur d'un fonds de bijouterie, rue du Temple?

— Que j'ai fait prospérer, madame la comtesse.

— Grâce à nos carrières, où l'on fond tous les objets volés par ta bande, et qui retournent en lingots dans tes caves de la rue du Temple.

— Chut! fit Quinet, un doigt sur sa bouche.

— Est-ce que, demanda-t-elle en souriant, les murs de ce bouge ont aussi des oreilles.

— Non, mais on n'aime pas s'entendre répéter des choses que l'on voudrait oublier soi-même! Trêve de reproches ou de récriminations; revenons à l'objet de notre rendez-vous. Vous savez que nous voilà retournés à notre point de départ?

— Oui, répliqua la comtesse avec rage, grâce à cette Valeda qui nous a trahis; qui, au moment du retour en France du marquis, a été trouvé Jean pour lui dire ce que nous tenions tant à cacher, que cette Francine était la fille de Saint-Sernay!

— Cette trahison provient moins du fait de Valeda, devenue aujourd'hui madame Gros-Gaïllard, que de votre faute, de votre très-grande faute?

— Pourquoi?

— Parce qu'il ne fallait pas marchander à l'ususière Gros-Gaillard les bénéfices de ses rapines à l'endroit de votre autre victime, le comte de Bouillé.

— C'est mon argent que cette femme a prêté à mon cousin!

— Vous oubliez que, comme moi, elle n'a pas été payée de l'affaire des carrières; alors, froissée de ce nouvel oubli, elle a oublié aussi qu'elle était votre complice, et elle s'est faite celle de Jean; oui, de Jean, qui, depuis quinze ans, attendait cette révélation, afin de venger ce qu'il appelle sa faiblesse, le sot!

— Mais en me perdant, en nous perdant tous, elle se perdait encore!

— Avant tout elle se vengeait.

— L'imprudente!

— Elle est femme, madame; comme vous, elle est implacable et vindicative! — répliqua Quinet débarrassé de toute contrainte.

— Oui, mais Valeda n'a pas réussi?

— Grâce à des tentatives de meurtre, répondit Quinet, qui peuvent éveiller la justice; grâce à la veuve du *Renard des carrières,* assommé par un homme d'Issakar, grâce à Jean, séparé aujourd'hui de Francine, au moment où il allait tout dire à votre cousin de Saint-Sernay ! et nous ne sommes pas à bout de nos meurtres par vos incertitudes, qui proviennent de votre méfiance pour le Protée !

— N'ai-je pas raison de me défier de votre chef ? répliqua la comtesse, heureuse de voir Quinet revenir de lui-même sur un sujet qu'il avait évité d'aborder, lui qui, il y a quinze ans, fit sauver Jean de ses carrières, lui qui le mit plus tard entre nous et cette fille qui, par surcroît de malheur, aime, dit-on, son frère de lait, le fils de Bigorneau, le fils de la veuve du Renard des carrières ?

La comtesse courba la tête d'un air songeur, en proie à de nouveaux soupçons.

— On n'est pas maître d'un cœur de quinze ans — répliqua Quinet d'un ton ironique. — Quant au Protée, madame, s'il a des secrets pour nous, comme nous en avons pour lui, ce n'est pas une raison pour le suspecter. Il a son but, comme vous avez le vôtre ; en tous les cas, il ne peut nous perdre, puisqu'il se perdrait avec nous.

La comtesse, à ces derniers mots, regarda attentivement son intendant, comme pour bien lire au fond de sa pensée.

Quinet détourna les yeux et reprit :

— Revenons à vous, madame la comtesse ; que

voulez-vous? perdre Francine, je vous approuve; en finir avec Jean, qui se repentira toute sa vie d'avoir été le complice de Valeda, je suis de votre avis; faire rentrer l'usurière dans la bande; enfin, après vous être débarrassée de ce qui peut vous nuire, épouser Saint-Sernay pour doubler votre fortune, et accroître le prestige de votre nom? je vous approuve toujours. Mais, pour Dieu! prenez une résolution énergique. Ne marchandez pas avec ceux qui vous servent; ne suspectez ni le Protée, ni la Gros-Gaillard; marchez droit vers le but commun. Au nom du bagne et de la guillotine, qui pourrait nous arrêter en route, ne détruisez pas le lendemain ce que vous avez rêvé la veille. J'espère que je vous parle là dans votre intérêt?

— Ou dans l'intérêt de tes craintes ?

— Écoutez donc, chacun tient à sa tête.

— Alors, voyons tes plans, homme... de tête !

— Les voici : demain, Jean disparaîtra définitivement dans les carrières d'Amérique. Francine partira avec la troupe d'Issakar. Le jeune Bigorneau sera mis par nous dans l'impossibilité de retrouver cette fille; quant à vos cousins, nous vous laissons libre d'en faire ce que vous voudrez.

— C'est bien heureux !

— A une condition.

— Ah! il y a encore une condition? se récria-t-elle avec une secrète impatience.

— Oui : c'est que vous nous laisserez aussi libres de travailler à votre fortune, moi, le Gros-Gaillard et Protée.

— Vous êtes des coquins! exclama la comtesse, qui ne put se contenir plus longtemps. Toi et Valeda, vous voulez me ruiner; quant au Protée, vous voulez simplement, pour mieux me tenir, me le donner pour maître. N'est-ce pas que j'ai deviné.

Quinet tressaillit; le nom du *Protée* produisait toujours quelque effet, même sur les complices de cet étrange individu.

— Madame la comtesse, je vous jure... balbutia-t-il.

Ecrasé, anéanti par cette femme, dont l'arrogance n'avait faibli un moment que pour mieux éclater.

Ils en étaient là, absorbés tous deux, l'un par la cupidité satisfaite, l'autre par l'orgueil assouvi, quand la porte s'ouvrit doucement pour faire passage à un troisième personnage.

C'était le Protée.

Qu'on nous permette de dépeindre sa physionomie, alors que, pour la première fois, il se présentait sans masque et sans déguisement.

On ne pouvait lui donner d'âge : il avait vingt-cinq ans ou en avait cinquante. Sur sa figure lisse, imberbe, on ne voyait que des yeux gris et perçants, sa prunelle se noyait dans un fluide magnétique, fascinateur, prêt à reproduire ce que ressentait l'âme des gens qu'il avait à tromper ou à convaincre.

C'était un être qui *recevait*, ne donnait pas. Il était blond, grand, mince, nerveux : il paraissait honteux d'être *lui*, comme en ce moment où il avait l'air de se recueillir pour mieux se pénétrer du type des individus devant lesquels il se présentait.

Il était mis comme un élégant de cette époque. Il portait une longue redingote surmontée d'un haut collet, sous lequel se dissimulait sa figure, lisse, blême, sans facette, plate comme une tête de vipère; figure repoussante qui avait besoin de se composer pour signifier autre chose que la duplicité, la convoitise et le crime.

A sa vue, Quinet et la comtesse se levèrent; ni l'un ni l'autre ne s'attendaient à son arrivée. Sans leur donner le temps de se remettre de leur étonnement, Protée s'adressa à la grande dame en se courbant jusqu'à terre :

— Et vous avez le droit, madame la comtesse, de ne voir en nous que des serviteurs soumis depuis quinze ans à vos volontés.

— Comment ! Vous nous écoutiez ? lui demanda la comtesse stupéfaite.

— Oui, madame, parce que, entre nous, il ne doit y avoir rien de caché; parce que M. Quinet est aussi bien mon associé que le vôtre.

— C'est-à-dire, reprit-elle, regardant sévèrement

son premier complice, que M. Quinet est pour moi un traître vendu à votre personne.

— Non, fit le Protée; c'est, au contraire, un associé loyal qui se souvient que rien ne doit se faire contre le Fitz-Merald sans notre participation absolue; cela dit, que votre esprit se rassure. Tout ce que vous venez d'arrêter, grâce aux hommes dont je dispose, sera exécuté : le jeune Bigorneau sera en notre pouvoir, le Gros-Gaillard ne songera plus à nous trahir, et Jean va être mis dans l'impossibilité absolue de vous nuire.

— Alors, Jean n'est pas arrêté? Que me disait tout à l'heure Quinet?

— Ce qu'il croyait savoir; mais que voulez-vous, vos damnés cousins sont venus se jeter à la traverse de nos projets. Hier, mes hommes ont été battus par le marquis de Saint-Sernay. Tout à l'heure, si je n'avais pas pris les habits et la figure de Fitz-Merald, nous étions surpris jusque sur notre domaine; et, en ce moment, Francine, la fille du marquis, Francine, conduite par Jean, est chez votre cousin le comte de Bouillé.

— Francine, chez le comte de Bouillé? demanda-t-elle avec désespoir. — Nous sommes perdus : Jean aura tout dit.

— Non, car Jean ne veut parler que devant Fitz-Merald, votre oncle, et votre oncle n'est pas encore de retour à Paris.

— Oh ! ce croque-mort ne parlera pas. A tout prix, il ne faut pas qu'il parle.

— C'est pour cela — répliqua le Protée, — que je suis venu ce soir au rendez-vous auquel vous avez oublié de me convier, madame la comtesse?

Protée dit ces mots sur un ton d'humilité qui en déguisait la malice, tout en laissant sentir à la comtesse qu'elle était bien liée à ses deux complices.

— Maintenant, madame, ajouta le Protée prêt à se retirer, en entraînant Quinet derrière lui, — n'oubliez plus que depuis quinze ans, vous, Quinet et moi, nous sommes liés par des nœuds indissolubles, et que personnellement je vous suis tout dévoué.

— Je le croirai — s'écria la comtesse, aussi exaspérée de ces paroles, aigres-douces, qu'elle l'avait été de l'insolente crânerie du régisseur des carrières, — je le croirai quand tu m'auras dit, Protée mystérieux, énigme vivante, le but de ton dévouement pour moi.

— J'ai bien l'honneur de vous saluer, termina Protée ; et il sortit sans répondre à la dame froissée, autant que terrifiée.

Quinet, lui, était déjà parti.

La comtesse, une fois seule, se frappa le front de désespoir et s'écria :

— N'aurais-je jamais raison de ces deux hommes?

Elle se calma en songeant qu'ils lui étaient soumis par cette crainte mutuelle du bagne et de l'échafaud.

Puis, remettant son voile, elle se dit :

— Demain, c'est moi qui irai trouver cette Francine chez le comte de Bouillé; aujourd'hui, ils sont condamnés tous deux.

La comtesse de Bouillé, la digne complice de Quinet et du Protée, sortit à son tour du pavillon isolé.

VI

LE CAFÉ DES TROIS-BILLARDS

— Demandez des billets, messieurs, billets, moins chers qu'au bureau. On entre tout de suite : fauteuil d'orchestre, fauteuil de galerie ! très-bien placés ! on entre tout de suite : Demandez des billets, moins chers qu'au bureau.

C'était au coin du boulevard du Temple, dont le renfoncement formait une équerre très-prononcée entre l'hôtel Foulon et le théâtre du Cirque olympique que se répétaient, depuis une heure, ces alléchantes paroles d'un marchand de billets.

Ce négociant ambulant qui jetait d'une voix avinée son affriolante annonce à l'amateur de spectacles, c'était Gros-Gaillard.

On était au lendemain des événements survenus au cabaret du *Père Sournois ;* Gros-Gaillard vendait alors des billets au compte d'une nouvelle actrice, mademoiselle Bamboche, remplaçant au théâtre de la Gaîté une camarade, une artiste de son emploi, malade de la veille, à la suite d'une indigestion de homard.

Il faisait beau voir Gros-Gaillard criant à tue-tête sous l'escalier d'un soupirail, sorte de porte basse d'un bouge très-connu, en ce temps-là : le *Café des Trois-Billards.*

Une boutique, portant pour enseigne : *A l'Épi-scié,* dont la peinture expliquait d'elle-même le rébus, précédait ce bouge souterrain placé au-dessous du rez-de-chaussée d'une baraque de marionnettes, dites : les *Marionnettes amusantes.*

La porte du *Café des Trois-Billards* était protégée par un double escalier de pierre conduisant aussi à l'entrée de la baraque supérieure; sur la droite de la baraque, du côté des théâtres, s'élevait une fenêtre de laquelle un pitre, par des lazzis, attirait les curieux n'ayant ni assez de temps ni assez d'argent pour assister à l'un des nombreux spectacles s'échelonnant à la suite du bouge et de la parade.

Il était huit heures du soir.

A cette époque, le rendez-vous d'*affaires* de ces parasites, marchands de contre-marques, ouvreurs de voitures, ramasseurs de mouchoirs, escamoteurs de bourses était précisément à ce café où se tenait le marchand de billets, Gros-Gaillard.

Celui-ci était là, autant pour exercer son commerce que pour surveiller les époux *Martin;* malhonnêtes israélites qui tenaient le comptoir du café des Trois-Billards, lieu de recel où les voleurs venaient cacher leurs larcins dans la salle attenant à celle où se fixait, chaque soir, Gros-Gaillard criant invariablement :

— Demandez des billets, messieurs, moins chers qu'au bureau, on entre de suite.

Derrière lui, un homme se tenait attablé en face d'une bouteille et deux verres, et d'une liasse de billets; c'était l'associé de Gros-Gaillard, Tamerlan le *marqueur,* ainsi désigné, comme nous l'avons déjà dit, à cause des billets et des contre-marques qu'il vendait de compte à demi avec son associé.

Gros-Gaillard et Tamerlan étaient les hôtes les plus assidus de ce lieu malfamé, endroit suspect servant de premier dépôt aux objets volés qui, la nuit, étaient transportés par les marchands de billets aux carrières d'Amérique, pour y être dénaturés ou fondus selon la nature des objets.

Il va sans dire que Quinet, le bijoutier receleur, était de moitié dans cette association dont les époux

Martin n'étaient que les prête-nom et les souffre-douleurs.

La police, depuis longtemps, faisait chez les époux Martin des descentes imprévues; si elle ne fermait pas leur *souricière*, c'est qu'elle leur était utile pour surveiller de près des bandits qui, la casquette sur les yeux, les mains sous la blouse, venaient, sous prétexte de faire une poule, déposer au fond du *Café des Trois-Billards*, le produit des vols opérés à la queue d'un théâtre.

Mais le soir des débuts de Bamboche, à l'heure où nous retrouvons Gros-Gaillard et Tamerlan, ni les voleurs apportant le fruit de leurs rapines, ni les passants en quête de billet n'étaient venus se hasarder aux abords de leur antre.

Gros-Gaillard, après s'être exténué à crier dans le vide, descendit les marches de la cave, il fit un signe de tête à Tamerlan.

Celui-ci s'empressa de quitter sa table, il descendit aussi l'escalier pour rejoindre son patron qui lui demanda :

— Combien de billets vendus !

— Six, répondit Tamerlan.

— Fichtre! nous sommes en dèche! Bamboche trouvera un froid dans la salle. Ce n'est pas ma faute, j'ai assez crié pour elle. Heureusement que nous avons pour le quart d'heure une affaire plus lucrative. — Et d'un geste que comprit Tamerlan, il lui désigna le fond de l'établissement; il lui demanda très-bas : La trappe est-elle prête?

— Oui, souffla Tamerlan à l'oreille de Gros-Gaillard.

— Très-bien! reprit celui-ci, en caressant d'un air de satisfaction un de ses accroche-cœur, le plus bel ornement de sa coiffure.

— Mais es-tu bien sûr que le fils Bigorneau vienne au rendez-vous? répliqua Tamerlan, se rapprochant de son associé.

— Il n'aura garde d'y manquer — répondit Gros-Gaillard, tirant de la poche de son gilet un rond de tabac qu'il glissa dans sa bouche, et qu'il plaça sur sa mâchoire inférieure — on lui a dépêché Petit-Suisse; il a été averti par Protée, à la suite de la frime que notre capitaine a joué hier à notre muscadin d'Anglais?

— Mais je croyais que Petit-Suisse détestait particulièrement le fils Bigorneau; qu'il avait eu des *explications* avec lui quand ils étaient tous les deux ouvriers chez Quinet, avec cette Francine de malheur?

— Raison de plus, imbécile! Ici, la dispute sera toute trouvée.

— Comment a-t-il fait, Petit-Suisse, pour engager Bigorneau à le rejoindre ici, au boulevard du Temple.

— Tu es bien curieux — répliqua Gros-Gaillard —

eh bien! il lui a parlé de sa mère que Lonjarret a *manqué* à la barrière du Combat. Il lui dit hier, en venant le trouver au passage Saint-Pierre, qu'il lui montrerait ici son assassin en même temps qu'il lui apprendrait ce qu'était devenu la Francine, après l'aventure des saltimbanques et des croque-morts?

— Il l'a cru, le jobard ?

— Que veux-tu, mon cher, il est amoureux! termina Gros-Gaillard qui baissa les yeux, mâcha sa chique avec plus d'ardeur, regarda complaisamment les bagues qui ornaient ses gros doigts rouges, sans plus répondre au curieux Tamerlan.

Celui-ci, cependant, rompit le silence pour lui demander encore :

— Mais pourquoi ouvrir la trappe, quand nous avons le tiroir du billard?

— Chut! fit Gros-Gaillard avec une expression de terreur, le tiroir est occupé.

— Ah bah! interrogea des yeux Tamerlan très-intrigué.

— Allons, c'est bon! — répliqua le marchand de billets avec humeur — vite au *perchoir,* remonte appeler Lonjarret! Petit-Suisse et Bigorneau ne vont pas tarder à paraître; l'occasion est belle, le trottoir est net, dans le bazar, pas de bourgeois! nous serons à l'aise pour *l'affaire.*

Tamerlan grimpa l'escalier du souterrain. Arrivé

à son orifice, il passa la tête au-dessus de la voûte et fit entendre un cri particulier.

A ce cri, le pitre Lonjarret, celui qui avait figuré dans la scène de la barrière du Combat, se montra à la petite fenêtre de la baraque supérieure.

— Tu appelles, Tamerlan? demanda le pitre, soulevant un coin du rideau qui formait la toile de son théâtre particulier, d'où Lonjarret lançait ses bourdes aux passants.

— Oui, Gaillard te demande, tu sais pourquoi?

— Un peu, reprit le pitre, se penchant vers Tamerlan dont il ne voyait que le visage.

— Alors, descends. Ah! minute! N'aperçois-tu rien de ta lucarne?

— Attends! reprit le pitre, une main sur les yeux, cherchant à pénétrer les ténèbres qu'éclairaient à peine les pâles lueurs des ifs à gaz — je vois là-bas un *zig*, d'aplomb comme une borne, carré comme un pavé; il ressemble comme deux as d'atout à Petit-Suisse.

— Alors, descends dans la boîte! — répliqua Tamerlan, les mains accrochées à la rampe de l'escalier, la tête entre ses barreaux de fer, tandis que le reste du corps bouchait l'orifice du souterrain. Descends vite! pour qu'on ne nous aperçoive pas causer ensemble; si le Bigorneau se doutait du plan, nous serions *fumés*.

— Et c'est lui qui doit l'être; murmura Lonjarret,

qui laissa retomber le rideau de la fenêtre pour s'apprêter à sortir de sa baraque, à descendre avec Tamerlan au *Café des Trois-Billards.*

Un mot de description sur l'intérieur de ce café qui a disparu avec le boulevard du Temple !

C'était une longue salle, noire et fétide, éclairée par deux quinquets accrochés à ses parois, avec une seule lampe suspendue au milieu du plafond.

Ces luminaires jetaient une clarté louche et blafarde sur trois billards boiteux, aux tapis tachés, graisseux et déchirés. Quelques tables en bois étaient rangées de chaque côté des billards ; dans le fond s'élevait un comptoir, en forme de tribune, masquant une cloison qui séparait la première pièce d'une sorte d'arrière-boutique : endroit mystérieux où se tenaient, à une certaine heure, les familiers de l'établissement, faisant leur partie de cartes et attendant le moment d'écumer les poches des badauds aux heures des queues ou de la sortie des spectacles.

Dans le comptoir-tribune, s'immobilisaient les époux Martin ; un vieil israélite, à la figure d'aigle, une vieille juive, à la tête de chouette. Aux yeux de la police, ce n'étaient pas des maîtres de café c'étaient des réceleurs, désignés sous le titre de *fourgats,* pour nous servir du terme employé par leurs complices.

Au moment où Tamerlan avait gravi les marches du souterrain et appelé Lonjarret, Gros-Gaillard s'était rapproché du comptoir; après avoir jeté un regard scrutateur autour de lui, il avait découvert dans l'ombre, à chaque angle de la salle, deux hommes couchés sur des tables et paraissant en proie au plus profond sommeil.

Il interpella la vieille femme, immobile comme son époux. A la voix de Gros-Gaillard, la vieille fit un soubresaut, dressa l'oreille et rouvrit un œil :

— Mère, lui demanda tout bas Gros-Gaillard, vous êtes prête ? Vous savez l'heure à laquelle Petit-Suisse doit venir avec le jeune bourgeois en question ?

A ces mots, l'époux qui n'avait pas été interrogé conserva son immobilité ; il parut dormir plus que jamais, la tête enfoncée sous sa casquette.

— Oui, eh bien ! après ? répondit la vieille interrogée, au marchand de billets. Est-ce que tu n'as plus confiance en nous, *mon fiston ?* que tu nous rappelles ce que nous avons à faire ?

— En vous, si, reprit-il en tournant des regards inquiets du côté des tables occupées, mais non en ces hommes qui dorment là-bas. Qu'est-ce que c'est que ça ?

— Ça ? n'as pas peur ! fit la femme en haussant les épaules, ça, *c'est* pas des hommes, c'est Malaga et Belle-Poigne. Ils ont travaillé la nuit dernière au compte de mon singe, le *fourgat* — elle désigna l'homme à la casquette — ils sont fatigués. Que veux-tu? mon gros, c'est jeune, ça n'est pas endurci à la peine et ça mange encore tout ce que ça *grinche*. Tu vois que tu peux être tranquille, mon Benjamin, et qu'au besoin, ils feront leurs parties dans le concert qu'on donnera au Bigorneau.

La vieille se remit à fermer les yeux. Elle reprit son immobilité, à l'exemple de l'homme à la casquette.

Comme pour répondre aussi à Gros-Gaillard, les vauriens, couchés sur des tables, se mirent à faire entendre de sourds grognements. L'un d'eux, s'étant levé, vint à grimper les marches intérieures et à se placer en observation contre la porte du bouge.

Quelques minutes après, il mettait ses mains en façon d'entonnoir devant sa bouche; il criait aux gens d'en bas :

— Chut! les autres! Voilà Petit-Suisse!

Celui qui avait fait entendre ce cri d'appel, c'était Belle-Poigne.

Gros-Gaillard, au fond du café, observait cette manœuvre avec l'importance d'un capitaine d'armée.

Malaga, à la voix de Belle-Poigne, s'était frotté les yeux et avait ramené contre lui sa bouteille et son verre. Au moment où Tamerlan, suivi de Lonjarret, avait reparu dans la salle, tous se disposaient à prendre un rôle différent, inspiré par les circonstances. Alors Petit-Suisse parut au haut du souterrain.

Les mains dans ses poches, regardant Gros-Gaillard, il fit entendre un sifflement particulier.

Évidemment, ce sifflement avait une signification très compréhensible, car Tamerlan et Lonjarret, qui trinquaient déjà à une table, gagnèrent, en même temps que Malaga et Belle-Poigne, le comptoir des époux Martin.

En un clin d'œil, de concert avec Gros-Gaillard, ils se glissèrent sous la porte de l'arrière-salle.

A peine cette porte fut-elle refermée que Petit-Suisse, resté au haut des marches, fut rejoint par Eugène Bigorneau.

La salle était vide; il n'y avait plus au comptoir que les époux israélites, muets, immobiles, qui, comme d'ordinaire, paraissaient sommeiller.

Sur un signe de Petit-Suisse, le jeune ouvrier suivit son compagnon.

Eugène Bigorneau était un homme de vingt-huit ans à peine; il avait des grands yeux noirs, enfoncés dans leur orbitre, un nez droit, une bouche fine, dont les lèvres se plissaient sous la moindre impression. Ses joues creuses, d'une pâleur mate, donnaient à sa physionomie, un peu souffrante, un caractère de mélancolie unie cependant à une grande fermeté, quand cette fermeté n'était pas en lutte avec la vivacité de ses passions.

— Monsieur, dit Bigorneau prenant place en face de Petit-Suisse à une table près du comptoir, et que ce dernier lui avait désignée à dessein, croyez qu'il a fallu les graves événements auxquels j'ai été mêlé, bien malgré moi, pour que j'aie répondu à votre rendez-vous ?

— Je le vois, répliqua Petit-Suisse, qui jugea nécessaire de prendre un ton insolent, dès que Bigorneau fut en face de lui, vous m'en voulez encore, parce que, à l'atelier, j'ai fait un brin de cour à mademoiselle Francine ?

— Monsieur, répliqua froidement l'ouvrier qui, à dessein, roula une cigarette dans ses doigts, je vous rappellerai que, lorsque je vous ai rencontré hier, vous m'avez promis de ne me parler que de ma mère, de ma mère, qui, il y a deux jours, a failli être assassinée; et si vous vous en souvenez aussi, vous m'avez dit que vous me feriez connaître ici-même ses assassins ?

— Je m'en souviens fort bien ! répondit lentement Petit-Suisse ; mais la nuit porte conseil. Depuis, j'ai réfléchi ; je me suis dit : qu'il fallait mieux vous engager, dans votre honneur, à ne pas rechercher les meurtriers de votre mère ; croyez-moi, je parle dans votre intérêt, ajouta brusquement Petit-Suisse, enlevant des mains de Bigorneau la cigarette qu'il venait de rouler, et se la mettant insolemment à la bouche.

— Misérable ! s'écria Eugène, pâle de colère et se dressant en face du vaurien.

— Car, mon petit, ajouta-t-il sur un ton d'égale menace, on pourrait bien se souvenir que ton père, dit le *Renard des Carrières,* était lié aux mêmes hommes qui ont, avant-hier, serré un peu trop fort le cou de ta maman ?... comprends-tu, ancien apprenti de mon patron Quinet ?

— Comment, infâme, tu insultes à présent la mémoire de mon père ?

— Ah ! pas de vilains mots ! soyons gentils ! Souviens-toi qu'en ma qualité de doyen, tu me dois des égards... et du feu !... passe-moi du feu, Bigorneau ?

Le bohémien étendit la main en souriant odieusement à l'ouvrier qui s'écria, fou de rage, plein de mépris et de dégoût :

— Il fallait donc m'avertir que tu voulais m'assassiner, lâche ?

— Là ! fit Petit-Suisse d'un geste comique, si c'est tout ce que tu payes pour la peine que je te donne un bon conseil, tu pourrais te repentir de ton ingratitude, mon apprenti ?

Il jeta un coup-d'œil à la mère Martin, qui lui répondit par un signe imperceptible, puis, allumant sa cigarette : J'espère bien que tu as autre chose à dire que des sottises ?

— Non, répliqua Eugène, les traits livides, la voix

brisée par la colère, car je ne puis que te répéter que tu es un lâche !

— Ah ! je comprends, fit le vaurien, qui tenait à s'amuser de sa fureur, tu rages, parce que je ne veux pas renoncer à Francine. Est-ce bien pour toi que tu la veux ? On dit que, depuis qu'elle est restée cinq minutes chez toi, au passage Saint-Pierre, elle est allée se loger dans la demeure d'un gentlemen ! Après ça, c'est peut-être toi qui l'auras envoyée au mirliflore ? Tu travailles donc pour le plaisir des autres ? à merveille ! C'est de l'ouvrage plus propre que de la bijouterie ; ça salit moins les mains et ça rapporte davantage.

— Infâme ! infâme !

Eugène, l'indignation dans les yeux, ivre de fureur, s'empara d'une bouteille placée sur la table ; il allait la lancer à la tête de Petit-Suisse, quand celui-ci cria :

— Ohé ! les autres, à moi !

La porte de l'arrière-salle s'ouvrit ; Tamerlan et les bandits en sortirent, Gros-Gaillard resta au fond du repaire, et l'un des misérables s'élança vers la porte du haut, grimpant, comme un chat, sur les marches du café.

Les autres bohémiens s'armèrent de queues de billard accrochées au mur ; ils entourèrent en un instant le malheureux Bigorneau.

Celui-ci, la bouteille à la main, resta atterré par cette attaque inattendue.

Il recula aussi indigné qu'épouvanté; d'abord on lui laissa opérer cette retraite : il arriva jusqu'au bas des marches intérieures du repaire.

Là, deux des plus robustes de la bande se précipitèrent sur lui ; ils le ramenèrent contre le billard que les autres venaient de pousser contre le mur.

Malaga, le plus chétif des bandits, se baissa jusqu'à terre ; il tira à lui une planche qui se trouvait juste aux pieds de la victime.

Tenu en respect par Tamerlan et Lonjarret, Eugène vit s'ouvrir devant lui un gouffre béant, prêt à l'engloutir.

Il sentit un frisson courir jusqu'à ses cheveux ; une sueur froide inonda son visage ; il essaya, dans des efforts désespérés, à s'arracher des mains de ses bourreaux ; ne pouvant y parvenir, il se mit à crier au secours.

Les misérables, pour étouffer sa voix, frappèrent en mesure sur le plancher avec le gros bout des queues de billard. Ils entonnèrent d'une voix unanime ce chœur si connu :

> Ah ! que la mer est belle !
> Quand la lune étincelle
> Sur son miroir d'argent...

Les cris, les chants, les coups frappés sur le plancher, étouffèrent les cris désespérés du jeune homme.

Ces chants, ces cris, entendus du dehors, semblaient n'être qu'un chœur bachique entonné par les hôtes habituels du café des Trois-Billards.

En une seconde, tout fut fait : Tamerlan et Lonjarret poussèrent le jeune Bigorneau dans l'ouverture; Eugène jeta un cri, la planche de la trappe retomba avec un bruit sourd, puis on n'entendit plus rien !

Une minute après, les bandits avaient remis en place le billard sur la trappe.

Il n'y avait plus trace de Bigorneau dans l'établissement.

Les époux Martin, durant l'attentat, étaient restés impassible du haut de leur comptoir.

Le billard en place, la bande demanda des billes; elle se mit à faire une poule, sans se préoccuper du malheureux précipité dans la profondeur du souterrain.

Pendant que les billes roulaient sur le tapis vert, Gros-Gaillard sortit de l'arrière salle. Il se glissa au comptoir et murmura quelques mots à l'oreille des époux Martin; ceux-ci disparurent, le marchand de billets se mit à leur place. Il regarda les joueurs, qui continuaient leur partie, et leur dit :

— Assez de *frimes,* venez recevoir votre argent.

Tous replacèrent les queues de billard au ratelier, et se groupèrent autour du comptoir.

Le salaire de leur nouveau crime leur fut compté

par Gros-Gaillard ; puis, d'un air sinistre, ils disparurent du café pour gagner séparément le boulevard du Temple.

Il était onze heures et quart; la sortie du spectacle allait avoir lieu. Pour la plupart de ces misérables, c'était l'heure à laquelle ils commençaient *à travailler*.

Lorsque Gros-Gaillard se retrouva seul dans cette salle noire, vide et fétide, il se sentit mal à l'aise ; il lui semblait qu'il respirait une odeur de cadavres.

La tête dans ses mains, il resta plongé dans de sombres et terribles réflexions, jusqu'à ce qu'il se sentit frappé sur l'épaule.

Il tressaillit, releva la tête, et vit devant lui deux hommes qui venaient de descendre avec précaution les marches du café.

Gros-Gaillard, malgré sa terreur, reconnut parfaitement le premier des deux : c'était Quinet; quant à l'autre, c'était un personnage qu'il ne se rappelait avoir vu nulle part.

Il avait la physionomie d'un honnête provincial ; il portait de gros favoris, un habit bleu à boutons de métal, une grosse canne; il avait des gants de laine; sa face rougeaude, son air lourd, son sourire épais, le faisaient passer pour un niais et une dupe de Quinet; mais ce qui dérouta tout à fait Gros-Gaillard dans ses appréciations prématurées, ce fut lorsque Quinet, éclatant de rire, lui désigna son compagnon :

6

— Comment, tu ne le reconnais pas? Mais c'est notre chef, c'est Protée !

Celui-ci ôta ses favoris, essuya son rouge sur sa face livide, et le salua avec malignité.

— Où diable vas-tu chercher tes figures? lui demanda Gros-Gaillard, au comble de la surprise et de l'admiration.

— Sur nos victimes, lui répondit le Protée sévèrement; et qui ne me font pas peur, à moi !

Gros-Gaillard baissa la tête, le Protée ajouta :

— J'ai entendu vos hurlements de tout à l'heure; ils ont couvert la voix de Bigorneau, mais ça ne pouvait pas gêner que lui?

— Qui donc? demanda Quinet au Protée, pendant que Gros-Gaillard frémit à cette question.

— Parbleu ! celui qui n'est peut être pas mort là dessous, le traître, le *mouton* qui voulait nous vendre, et qui a été fourré hier sous le billard avant d'être achevé par la bande.

Et Protée, d'un coup de pied donné sous le billard du milieu, poussa une espèce de tiroir à roulettes qui se trouvait sous l'instrument de plaisir.

Alors, dans des guenilles ensanglantées, Quinet et Gros-Gaillard virent une face pâle, ayant de gros favoris noirs et les yeux fermés.

C'était bien un mort qui gisait dans l'étrange cercueil que lui avaient fait, la veille, ses camarades trahis par lui ; il avait expiré sous les *massés* et les *carambolages* des habitués du café des Trois-Billards; ce qui donnait raison aux paroles de Gros-Gaillard à Tamerlan, quand le marchand de billets avait expliqué à son associé que le tiroir était *occupé,* et que le fils de Bigorneau ne pouvait trouver de place que dans les caves de l'horrible établissement.

Quinet et Gros-Gaillard restèrent un instant comme paralysés à la vue du cadavre.

Le Protée les regarda d'un air de pitié; puis, repoussant le tiroir, il dit aux deux hommes avant de prendre congé d'eux :

— Maintenant, cette nuit, il faut que tout cela retourne aux carrières d'Amérique. Quant à toi, Quinet, tu sais ce que tu auras à répondre à qui doute de notre zèle.

Evidemment, le Protée faisait allusion à la comtesse de Bouillé et à son dernier entretien avec Quinet au cabaret du *Père Sournois.*

Avant que celui-ci eût eu le temps de lui répondre, Protée s'était éclipsé au fond de l'arrière-boutique.

Les paroles du Protée à Quinet avaient aussi un double sens; elles faisaient allusion à une correspondance que ce dernier, grâce à ses relations avec des journalistes, avait fait passer dans les journaux étrangers. Il était dit, dans cette correspondance supposée, qu'un général nommé Pedro-Pedrini, qu'on avait cru mort aux Indes, était sur le point de revenir en France, après avoir traité, en Angleterre, pour armer de nouveaux soldats contre les Indiens rebelles.

Dans quel but Quinet, inspiré par Protée, avait-il fait parvenir aux journaux étrangers cette fausse nouvelle? Nous le saurons au chapitre suivant.

Quant à Gros-Gaillard, l'esprit encore troublé par la vue du mort sous le billard, il ne revint à lui que lorsque Quinet se disposa à partir par la même porte où il était entré.

— Où vas-tu? demanda le marchand de billets au bijoutier.

— Moi, répondit Quinet, en souriant, et ne pensant guère au mort, ni à Bigorneau, — moi? mais à la Gaîté; tu sais bien que Bamboche a pris le rôle d'Amanda; je cours l'applaudir à sa dernière scène, en attendant l'heure d'aller souper avec elle et sa bande joyeuse. Bonsoir, mon gros.

— Bonsoir, Quinet.

Le bijoutier parti, Gros-Gaillard retomba dans ses sinistres réflexions. Puis, saisi de vertige, il sortit du comptoir en s'écriant :

— Non! non! je ne puis rester ici. Il me semble voir surgir à chaque instant le cadavre de ce tiroir; j'entends toujours les cris du jeune homme qu'on a précipité dans cette trappe! Qu'il est heureux, ce Quinet, de ne rien sentir, de tout oublier ! Eh bien! moi aussi, je veux oublier; pour ça, je veux boire, boire jusqu'à demain. Oh! mais pas ici! non, pas ici?

Gros-Gaillard s'enfuit du café. Il laissa les époux Martin qui venaient alors de prendre congé du Protée ; ceux-ci revinrent à leur poste pour recevoir, après la sortie des thâtres les tireurs de bourses, les pinceurs de foulards, hôtes familiers de cette taverne, sitôt passé minuit.

A une heure du matin, deux voitures à lourd tonneau, et qui paraissaient appartenir à la compagnie Richer, stationnaient du côté de l'ancienne rue des Fossés-du-Temple, à la porte des caves du café des Trois-Billards.

Dans l'une de ces voitures, des hommes déguisés en mercenaires de La Villette, ouvriers à grandes bottes et à lourd tablier de cuir, transportèrent Eugène Bigorneau évanoui et le cadavre du tiroir du billard.

Ces deux corps furent soigneusement placés dans des caisses à demi fermées ; d'autres caisses furent aussi transportées par les mêmes hommes dans la seconde voiture, elles contenaient les objets volés à la queue des spectacles.

Voitures, bêtes et gens montaient, à deux heures du matin, la rue du Temple, pour se diriger au-delà de Belleville, vers les carrières d'Amérique.

6*

VII

L'ESPAGNOL ET L'INDIENNE

A la suite de la rencontre du Protée avec Saint-Sernay et Bamboche, au *Père Sournois*, le gentilhomme et la comédienne, on se le rappelle, étaient partis ensemble.

Mais le marquis ne se souciait guère d'aller trouver son cousin en compagnie de son ancienne maîtresse.

Saint-Sernay s'empressa d'abandonner l'actrice, très-furieuse depuis qu'elle avait appris qu'elle avait une rivale en Francine.

Le marquis reprit le chemin de son domicile, tandis que la comédienne se dirigea vers la demeure du comte de Bouillé.

Une fois rentré chez lui, à son hôtel de la rue du Helder, Saint-Sernay ne se rappela que sa dernière entrevue avec son cousin, au passage Saint-Pierre, il lui écrivit :

« Mon cher cousin,

« Par nos liens de famille, par respect pour notre oncle qui excuse toutes nos fautes, je pouvais bien vous permettre de prendre mon nom et de vivre de ma triste existence. Mais je serais plus que coupable si je vous laissais dire tout haut ce que le monde ne dit que trop tout bas. Hier, vous avez prononcé, au passage Saint-Pierre, votre arrêt de mort ou le mien. Demain, à midi, je serai chez vous pour vous demander compte d'un outrage qu'il eût été de bon goût de ne pas me jeter à la face, devant des misérables qui ne devaient connaître ni votre lâcheté, ni ma honte !

« Votre cousin,

« Marquis DE SAINT-SERNAY. »

Une fois la lettre écrite et cachetée, Saint-Sernay sonna d'une façon particulière.

Un domestique parut.

C'était un serviteur sans livrée. Il était vêtu comme un intendant ; il avait le visage honnête et la tournure athlétique ; il comptait cinquante ans et paraissait d'un caractère déterminé.

Cet homme, dans plus d'une occasion, avait tenu tête aux plus terribles boxeurs anglais, aux plus habiles tireurs de savate des faubourgs de Paris.

Ancien marin, il connaissait toutes les espèces de pugilats.

Le marquis l'avait rencontré dans l'Inde, lors du voyage qu'il fit avec Fitz-Merald, à la suite de la mort de sa femme.

Il se l'était attaché en le payant largement.

Celui-ci lui donnait constamment des preuves de dévouement sans bornes.

Calme, persévérant, obstiné comme un Breton qu'il était, toutes les fois que son maître le chargeait d'une mission, il arrivait à la remplir.

Jamais il ne le quittait dans ses expéditions périlleuses ; mais ordre lui était donné de ne se montrer aux yeux de son maître que dans les cas désespérés.

Korantin, c'était son nom, avait donc suivi Saint-Sernay tant à la barrière du Combat qu'au passage Saint-Pierre ; mais, en ces deux endroits, le marquis tenant à bien connaître Jean, avait recommandé à son fidèle serviteur de moins se préoccuper de lui-même que du croque-mort, qui, depuis son retour en France, venait de se mêler si mystérieusement à sa vie agitée.

Comme toujours, le breton avait exécuté ses ordres. Le marquis, qui ne doutait pas de son zèle, lui demanda, après lui avoir remis la lettre pour son cousin :

— Tu as eu, sans doute, des nouvelles du croquemort, depuis mon départ du passage Saint-Pierre.

— Oui, monsieur le marquis, répondit-il sans sourciller ; — que désire savoir monsieur le marquis sur le compte de cet homme ?

— D'abord ce qu'il est devenu, après la fuite des saltimbanques ?

— Il est allé chercher la jeune fille qu'il avait conduite dans la maison d'en face ; puis il est parti avec elle.

— Pour aller... interrogea le marquis, avec un léger tremblement dans la voix.

— Chez monsieur le comte.

— Chez mon cousin ! ajouta-t-il comme s'il n'avait pas compris.

— Oui, monsieur le marquis, pour aller rue de Valois.

— Dans sa petite maison ? insista-t-il.

— Dans sa petite maison, répéta Korantin.

Les doigts du marquis se crispèrent ; il faillit rompre le cachet qu'il tenait à la main, avec lequel il avait scellé sa lettre.

— C'est tout ce que veut savoir monsieur le marquis? ajouta le breton, prêt à sortir, et d'une façon qui demandait un nouvel interrogatoire.

— Et ce Jean... ce Jean, — continua Saint-Sernay, — est-il parti seul, une fois que cette fille — il articula le mot d'un ton sarcastique, — une fois que cette Francine eut pénétré dans la maison de mon cousin?

— Oui, monsieur le marquis.

— Cela devait être! répliqua-t-il, et sa pensée continua ce qu'il ne pouvait formuler tout haut : « Je m'en doutais, ce Jean et cette Francine sont des intrigants! La prétendue révélation de ce dernier n'était qu'un piége tendu à ma crédulité; maintenant c'est au tour de Bouillé à être leur dupe. Ma vengeance ne lui en donnera pas le temps. »

Après un court instant de silence il demanda encore à Korantin :

— Sans doute, tu as toujours suivi Jean depuis le passage Saint-Pierre jusqu'à la rue de Valois? Où est-il allé ensuite?

— Il n'a pu aller bien loin; les saltimbanques, à ce qu'il paraît, ne l'avaient pas plus perdu de vue que moi-même. Une fois qu'il fut sorti de la maison de la rue de Valois, les misérables se sont jetés sur lui. Comme il n'avait plus ses camarades pour le protéger, il a dû céder à la force et se laisser conduire.

— Et où l'ont-ils entraîné?

— Je ne sais, car il m'a été impossible de suivre Jean aux prises avec les saltimbanques ; une voiture, qui attendait trois d'entre eux avec le croque-mort, les a emportés au grand galop.

— Et connais-tu celui qui dirige tous ces ennemis de Jean ?

— Pas encore, car le saltimbanque qui paraît leur chef n'est, je crois, que l'auxiliaire d'un terrible bandit dont l'existence est un problème pour la police; un être qui, dit-on, change de nom comme de visage.

A la réponse du valet, le maître ne put contenir un mouvement d'impatience.

Korantin ajouta :

— Tout ce que j'ai pu surprendre, c'est que la voiture en question retournait vers la barrière Clichy; mais comme j'ai pris le numéro du fiacre suspect, je saurai toujours où il est allé, hier, après neuf heures, si monsieur le marquis l'ordonne ?

Saint-Sernay respira ; il reconnut là son fidèle Korantin dont la sagacité égalait la fidélité.

— Certainement, je te l'ordonne, — s'écria-t-il d'un geste de familiarité cordiale, — comme je t'ordonne de porter à l'instant cette lettre à son adresse. Il est dix heures, demain je dois en chercher la réponse à midi. Va, ne reviens que demain matin, après neuf heures, sitôt que je t'aurai appelé; tu m'as compris, bonsoir !

Sur un nouveau geste du marquis, Korantin sortit; cependant il ne put s'empêcher de pousser un soupir en regardant la suscription de la lettre.

Le Breton connaissait une partie du secret de cette malheureuse famille. Il ne douta pas du contenu de cette funeste missive.

Ce fut avec un sentiment de profond chagrin qu'il s'achemina vers la rue de Valois.

Le marquis veilla toute la nuit; il écrivit à son oncle pour lui expliquer sa conduite, et lui transmettre ses volontés dernières, en cas où il eut succombé à la suite du duel à mort qu'il avait décidé entre lui et son cousin.

Ce ne fut qu'à huit heures du matin que le marquis se décida à se jeter sur son lit pour prendre un peu de repos.

A peine eût-il fermé la paupière qu'on frappa à sa porte; Korantin parut.

— Je t'avais dit, — s'écria le marquis avec humeur, — de ne venir que lorsque je t'aurais sonné.

— Monsieur le marquis, — répondit-il avec embarras, — c'est qu'il y a au vestibule un monsieur qui se dit envoyé d'ambassade et qui désire vous entretenir pour une affaire qui ne souffre aucun retard.

— Il fallait dire que je n'y étais pas.

— Il ne m'aurait pas cru.

— Pourquoi ?

— Parce qu'il m'a répondu qu'il savait que vous y étiez dès que j'étais de service à l'hôtel.

— Ah bah? — fit le marquis interdit, — sais-tu ce qu'il me veut?

— Il veut, — a-t-il ajouté sur ma première détermination à ne pas vous avertir, il veut éviter, à ce qu'il prétend, une rencontre entre monsieur le marquis et monsieur le comte.

— Comment, ce monsieur se permet? — se récria Saint-Sernay, en se levant sur son séant, tout aussi furieux que surpris.

— Il parle, dit-il, au nom de son gouvernement.

— Mais tout les gouvernements de la terre, morbleu! — jura le marquis, sautant de son lit, — ne m'empêcheront pas de défendre mon honneur! Attends un peu que je m'habille; fais entrer, après, cet envoyé d'ambassade. Je te réponds que je vais bien le recevoir, cela lui apprendra à me réveiller et à vouloir se mêler de mes affaires de famille. Dans dix minutes tu le feras entrer, va, Korantin, va!

Le serviteur s'inclina. Au bout de dix minutes, le marquis tout armé pour tenir tête à l'étranger, sonna afin que celui-ci fut introduit :

Korantin annonça :

— Le comte Don Juan, Galvete Mayor.

C'était un homme de cinquante à cinquante-cinq ans; il avait la figure bronzée et portait de longs favoris blancs. Il se tenait raide comme un capitain, il était solennel comme un alcade. Il était mis d'une façon irréprochable, avait le cordon de commandeur et une plaque à son habit.

— Marquis, lui dit cet homme, avec ce cérémonial théâtral qui fait honte à notre légèreté française, — excusez-moi de venir si matin ; sachant que vous deviez vous battre à midi...

— Pardon, monsieur, interrompit vivement Saint-Sernay, — pardon, je ne vous connais pas. Avant de vous répondre, permettez-moi de vous demander au nom de qui vous venez vous initier à mes secrets et contrarier ainsi mes volontés ?

— Au nom de celui qui est le chef de votre famille, après Fitz-Merald, Don Pedro Pedrini, son propre fils.

— Mais il est mort, monsieur, il y a quinze ans ! Nous en avons appris la nouvelle, Fitz-Merald et moi, en nous rendant aux Indes, sa patrie.

Saint-Sernay regarda l'inconnu avec défiance ; il prononça ces paroles sur un ton méprisant qui semblait avoir un double sens et signifier :

« Si vous êtes de la police, vous auriez dû prendre un autre prétexte pour m'empêcher de me battre avec mon cousin. »

L'étranger examina de ses yeux clairs et étincelants, comme des reflets d'acier, le marquis dédaigneux.

Il tira de sa poche un journal anglais et répondit :

— Alors c'est donc un faux Pedro Pedrini qui, conseillé aujourd'hui par l'Espagne, ma patrie, a soulevé les Indiens contre les Anglais, égorgé leurs soldats, brûlé leurs propriétés... entre autres celle de lord Fitz-Merald qui, il y a plus de trente ans, abandonna une nommée Aïka et son fils Pedro, au profit de ses trois nièces dont vous êtes les descendants directs, vous messieurs de Bouillé et de Saint-Sernay.

— Monsieur! monsieur! cria le marquis exaspéré par cette indiscrétion de l'étranger, qui frisait presque l'impertinence.

L'envoyé d'ambassade, à l'indignation de Saint-Sernay, se contenta de lui montrer l'article du journal.

— Lisez donc, marquis, lui dit-il.

Il parcourut rapidement des yeux la feuille que l'Espagnol lui avait présenté.

— C'est incroyable! s'écria-t-il en se frappant le front, voilà un mystère plus singulier que tous les autres?

— Et qui dérange vos calculs, répliqua l'étranger sur un ton de malice qui seyait mal à sa gravité.

— Je ne comprends pas, riposta le marquis sur un ton de hauteur suprême.

— C'est pourtant bien simple : en voulant tuer votre cousin, vous espériez devenir l'unique héritier de Fitz-Merald, vous qui, depuis longtemps, ne comptiez plus sur la résurrection de don Pedro.

— Comte, vous m'insultez !

— Parce que je raisonne juste?

— Enfin, monsieur, continua Saint-Sernay en se contenant avec peine, dans quel but êtes-vous venu m'annoncer cette étrange nouvelle?

— Dans un but de conciliation, répondit l'Espagnol ; avant peu, mon gouvernement doit s'entendre avec l'Angleterre pour ne pas laisser les Indiens trop maîtres chez eux ; déjà nous avons gagné don Pedro. Et pour le rallier à notre cause, à la vôtre, nous lui avons promis de le faire reconnaître par sa famille. Vous comprenez, marquis, que si ses parents se déchirent entre eux au profit de misérables intérêts, don Pedro, de son côté, ne pourra voir en vous que des ennemis. Alors, pour faire valoir ses droits, peut-être ne craindra-t-il pas de soulever le voile, déjà trop transparent, qui couvre les crimes de votre famille...

— Monsieur! s'écria le marquis, cette fois hors de lui, vous m'insultez de nouveau ; nous ne sommes pas sur la place publique, et vous oubliez de me dire encore comment vous avez su que je devais me battre avec le comte de Bouillé?

— Mais par la police, monsieur, qui ne vous perd pas de vue depuis que vous êtes de retour en France; votre singulière réputation a fait de vous un héros !

Et, vous ne l'ignorez pas, il faut toujours compter avec la gloire ?

Un sourire étrange accompagna le sarcasme de l'Espagnol.

Le marquis lui répondit sur le même ton :

— Et c'est par un de ses agents, déguisé en envoyé d'ambassade, qu'elle me prévient, sans doute ?

— Vous méconnaissez mes titres et qualités, parce que j'ai méconnu vos droits et vos sentiments ; je n'ai plus rien à dire dès que je ne puis faire un pas sur le terrain de la conciliation ! Ainsi vous vous battrez avec votre cousin ?

— Plus que jamais, monsieur, reprit-il d'un ton ferme, puisque l'opinion croit encore que je n'agis que dans un misérable but d'intérêt ; et maintenant que je ne suis plus l'héritier de Fitz-Merald, on voudra bien voir, dans ce duel, je l'espère, une satisfaction légitime plutôt qu'une spéculation infâme, odieuse...

— Prenez garde, marquis, répliqua-t-il, prêt à prendre congé de lui. Prenez garde que ce coup d'épée n'aille droit au cœur de Fitz-Merald, qu'il ne déchire le voile qui cache un crime impuni depuis quinze ans...

— Monsieur, expliquez-vous !... expliquez-vous, je le veux ! Depuis trop longtemps on me pose ce problème honteux, horrible ! et je veux en avoir la solution ; expliquez-vous ?...

Saint-Sernay retint par le bras l'étranger, qui ouvrit la porte et lui jeta ces mots :

— Faites-vous le résoudre par ceux de votre famille qui ont tué votre femme.

— Monsieur, monsieur, vous êtes aussi lâche qu'impitoyable!... s'écria Saint-Sernay, qui n'avait plus la force ni le courage de s'indigner.

— Impitoyable comme vous, monsieur, qui n'avez pas voulu m'entendre quand, au nom d'un des vôtres et de mon gouvernement, je vous prêchais la concorde et la conciliation! Marquis, j'ai bien l'honneur de vous saluer.

L'étranger partit.

Une fois seul, le marquis resta un instant comme frappé de la foudre.

Un nouveau personnage, aussi mystérieux que Jean, venait de confirmer ses horribles soupçons, sans lui expliquer le mystère qui se rattachait à la mort de sa femme.

Après avoir secoué son abattement, il se leva précipitamment, il sonna Korantin.

— Tu as bien remarqué cet homme? lui demanda-t-il.

— Oui, monsieur le marquis.

— Qui l'a conduit ici ?

— Une voiture de place; son numéro est le même que celui du fiacre qui a emmené Jean le fossoyeur.

— Ah! fit le marquis, avec un soupir de satisfaction, dix mille francs pour toi si tu rejoins le fiacre et l'homme qui disparaissent en ce moment.

Le maître et le valet avaient eu la même pensée, ils s'étaient compris : tous deux soupçonnaient cet homme d'être le personnage mystérieux dont Korantin, le premier, avait découvert l'existence.

Korantin sortit.

Quelques minutes après, le fidèle Breton apercevant la voiture au bout de la rue du Helder, se décida à prendre son élan pour aller la rejoindre; mais une grosse pierre de taille se détacha d'un de ces échafaudages à longues perches qui, d'étages en étages, servent d'enceinte aux maisons en construction.

La pierre de taille alla s'abattre aux pieds du Breton, en lui rasant la figure.

La foule enveloppa Korantin pour s'enquérir s'il n'était point blessé; cette muraille humaine l'empêcha de faire un pas de plus vers le fiacre, qui disparut du côté du boulevard.

Alors Korantin fut obligé de donner des explications à la foule sur l'incident, pendant qu'un honnête Limousin démontra au public que le maladroit avait tort de se plaindre, puisqu'il était là, armé d'une latte, pour monter la garde et crier aux passants de s'éloigner.

Force fut au Breton d'aller s'expliquer avec le Limousin chez le commissaire.

Pendant ce temps, le fiacre terminait sa course; il

parvenait au milieu de la rue du Temple, à l'ancien marché de ce nom.

L'Espagnol sortait de la voiture complétement métamorphosé, il avait un paquet sous le bras ; ce paquet renfermait les habits dont il s'était revêtu pour son entrevue avec Saint-Sernay.

Cet homme, ce faux Espagnol, c'était le Protée se rendant au marché du Temple.

L'ancien marché, tel que nous l'avons connu avant le rajeunissement de Paris, n'existe plus depuis qu'il est sous verre et mis en cage.

Le grand bâtiment de fer, à l'instar des Halles, emprisonnant aujourd'hui les vendeurs de vêtements ou de loques au *déchochez-moi çà !* a détruit le caractère et l'originale physionomie de ce marché.

En 1835, madame Gros-Gaillard était considérée comme la plus importante marchande du quartier.

Elle en était le type le plus singulier ; elle avait de grands yeux noirs, un nez aquilin, une bouche fine aux dents blanches dont l'éclat ressortait davantage sur sa peau basanée.

Elle était belle ; pourtant, on ne pouvait que l'admirer, non l'aimer.

Elle avait un costume aussi bizarre que sa physionomie.

Elle était vêtue, le plus souvent, d'une robe rayée de rouge et de noir, cachée sous un châle ; elle avait le col nu, les bras nus, couverts de colliers et de bijoux qu'elle portait, autant par goût que pour faire valoir le prix de sa marchandise.

Elle possédait plus de vingt boutiques, les plus riches et les plus commerçantes.

Elle se donnait autant de mal pour vendre un cachemire de cinq cents francs que pour faire prendre à la pratique une paire de gants de dix sous.

Quoique très-belle encore, elle ne songeait, dans l'intérêt de son commerce, qu'à se faire la servante de la dernière des courtisanes, ses chalandes.

Chose digne de remarque, madame Gros-Gaillard, qui n'avait qu'un but : vendre ! qui eût vendu jusqu'à ses compagnes, n'avait jamais songé à se vendre elle-même.

Ses compagnes en avaient été réduites à dire, — ne pouvant suspecter sa vertu, — que si elle s'était toujours contentée de son époux, ivrogne et joueur, c'était parce qu'elle avait un écu de six livres à la place du cœur.

Lorsque Protée descendit de son fiacre, avec les habits qu'il venait de quitter, il se trouva en face de la grande allée séparant alors le Temple en deux corps de bâtiments, l'un appelé par dérision : *le Pavillon de Flore*, l'autre, *le Palais Royal*.

De chaque côté de leurs boutiques et de leurs galeries, en enfilade, s'avançaient des têtes de femme guettant le passant de l'œil, l'appelant du geste et de la voix.

Du fond de ces galeries se découpait une des ailes du bâtiment de la rotonde à colonnes de pierres.

Protée se dirigea vers ce monument.

Il était onze heures.

C'était l'heure à laquelle les enfants de l'Auvergne, marchands d'habits, au long carrick, venaient déposer au milieu de la chaussée, les produits de la récolte du matin, faite aux vieux porte-manteaux de toutes les maisons de la capitale.

Protée mis alors, comme l'un de ces obscurs industriels, son paquet d'habits sous le bras, avisa l'un d'eux; il lui demanda où l'on pouvait voir, à cette heure, madame Gros-Gaillard.

— L'*Indienne* a quitté le Palais-Royal, — lui répondit l'Auvergnat, qui, prenant Protée pour un confrère, n'hésita pas à désigner la marchande sous le sobriquet qui, depuis longtemps, remplaçait au Temple son véritable nom.

Puis, toisant le confrère, dont il prit en pitié le modeste bagage, il ajouta :

— Elle est à la *Rotonde;* si tu n'as que ça à lui vendre, inutile de la déranger, ton lot ne pèse pas assez pour elle.

— Faudra voir ! — répliqua Protée sur le même ton.

Il quitta l'Auvergnat, se dirigea du côté de la Rotonde, franchissant les monticules de vieux habits, les haies de vieilles tiges de bottes, qui interceptaient la chaussée jusqu'au bâtiment à colonnes, décoré invariablement des mêmes bottes de gendarmes, des mêmes cors de chasse, des mêmes pantalons de cavalerie ou du même tricorne de général.

La Rotonde était le luxe du Temple, la Bourse et la Chambre de Commerce de ce marché universel des oripeaux de Paris.

Du fond de sa boutique la Gros-Gaillard aperçut Protée se dirigeant vers elle.

Du plus loin qu'elle le vit, elle se leva, renvoya les derniers Auvergnats débattant leur prix sur un restant de marchandises étalées sur son comptoir; elle murmura, ne quittant pas le Protée du regard :
— A nous deux, maintenant.

La marchande du Temple, pour être tout au Protée, à la grande surprise des vendeurs, ne discuta pas la valeur de leurs oripeaux; elle les paya sur le taux exigé par eux.

Lorsque Protée parut à l'entrée de la boutique, la Gros-Gaillard, déjà loin de son comptoir, alla à la porte; elle la referma avec précaution sur le nouveau venu, sitôt celui-ci dans le magasin.

Après l'avoir entraîné dans son arrière-boutique, elle lui demanda, le sourire aux lèvres, les yeux étincelants, dans une joie étrange bien en harmonie avec sa beauté infernale :

— Eh bien! as-tu réussi, ce matin, contre le marquis, comme j'ai réussi contre le comte, son cousin?

Sont-ils désunis à jamais, ces beaux neveux de Fitz-Merald ?

— C'est fait, Valeda, lui répondit-il mystérieusement, mais il y a contre nous encore la comtesse de Bouillé et la jeune Francine.

— Bah ! la comtesse est à nous, elle passera par où nous voudrons ! Quant à Francine, elle n'a plus de protecteur depuis que Jean est au fond des carrières et que le jeune Bigorneau paie cher aussi son amour pour la bâtarde.

— C'est grave, ce que nous avons fait là au moins ajouta Protée avec un mouvement de lèvres très-significatif.

— Tais-toi, tu veux me faire peur ! Pas plus grave, serpent, que de m'emprunter un costume de diplomate pour mieux refaire le marquis, lui répondit-elle en regardant le paquet que Protée avait encore sous le bras.

— Et qui, bientôt, — dit-il, sur un autre ton, voyant qu'il ne pouvait l'intimider, — va me forcer à m'habiller en général, sous le nom de Pedro Pedrini, que nous avons fait revivre.

— A la bonne heure ! je te reconnais, répliqua l'Indienne, dévorant des yeux Protée redevenu impassible, et cette fois, mon Protée, mon héritier futur des Fitz-Merald, tu te souviendras que Valeda, l'indienne, est la sœur d'Aïka, oui, d'Aïka, qui eût été l'épouse de Fitz-Merald, si Fitz-Merald n'eût pas répudié la mère de son fils en faveur de ses trois nièces. Tu te souviendras, n'est-ce pas mon chat?

Alors Valeda entoura de ses bras nerveux le cou du bandit dont la face livide, les yeux clairs ne purent s'animer au contact de l'énergique indienne : tigresse dont la volupté sentait la morsure, mais dont la volupté n'avait aucune prise sur cet être, aux yeux atones, aux membres flasques, au visage cadavérique ne réflétant que la lumière d'autrui, incapable de s'allumer aux feux des passions les plus dévorantes.

Mais Valeda, elle aussi, ignorait la passion; elle n'était inspirée, en ce moment, que par la cupidité, par sa jalousie contre la comtesse de Bouillé, qu'elle redoutait plus qu'elle ne voulait le laisser paraître, et qu'elle avait déjà trahie auprès de Jean.

En trouvant Protée si insensible, elle laissa retomber ses bras sur son corps immobile. Elle reprit sur un ton de menace :

— Oui, tu te souviendras que l'héritier des biens d'Amérique ne peut les partager qu'avec la sœur d'Aïka, la sœur de la mère de Pedro Pedrini, n'est-ce pas?

— Et ton mari, qu'en feras-tu? — se hasarda-t-il à lui demander.

— Ce que j'ai fait de la femme de Saint-Sernay, — répondit-elle d'un air sombre, lorsqu'elle mettait au monde une héritière de sa fortune; ce que je ferais de toi-même si tu ne partageais pas, n'en déplaise à ta comtesse de Bouillé, toute cette fortune avec moi.

Puis, changeant de ton, ses yeux, sa bouche reprirent une expression caressante :

— Mais tu te souviendras et tu obéiras; car tu n'es que le corps de mon âme, tu n'es que le bras qui frappe; et si le bras se détachait de la tête, — ajouta-t-elle en entourant de nouveau le cou du Protée, — je me rappellerais comment ceux de ma tribu scalpaient autrefois leurs ennemis. Gros-Gaillard, la revendeuse, redeviendrait la sœur d'Aïka, la sœur des peaux rouges!... Bah! je plaisante, mon chat! — termina-t-elle en allant de nouveau de la menace à la tendresse, — je plaisante, parce que je suis jalouse et parce que je t'aime... Assez rire! la pratique attend, laisse-là ton costume d'ambassadeur et file.

Pour la première fois, elle le débarrassa de son paquet, que le Protée n'avait pas abandonné durant toute cette scène de passion, de menaces et d'odieux calculs.

— Et une fois que nos ennemis, — ajouta-t-elle, en posant le paquet du Protée sur le comptoir, — seront bien terrassés, tu viendras prendre ici ton habit de général. C'est avec celui-là que tu conduiras Valeda à l'autel. Ah! ils croient que je n'aime que l'or, ici, ils verront, ils verront; au revoir, mon chat!

Puis l'Indienne sortit de son arrière-magasin, le visage aussi calme, le front aussi serein que si elle se fût occupée avec Protée d'un commerce ordinaire de chiffons.

Elle rouvrit la seconde porte de sa boutique; arrivée près de la galerie de la Rotonde, elle dit à Protée en le congédiant :

— Monsieur, j'ai fait avec vous un mauvais marché; c'est pour avoir votre pratique, au moins ? Bonjour, monsieur, souvenez-vous de mon adresse, je suis la meilleure acheteuse du Temple.

L'Indienne Valeda, redevenue madame Gros-Gaillard, disparut sous les galeries de bois faisant face à la Rotonde.

Protée se consulta.

Après avoir perdu de vue la Gros-Gaillard, il se dit :

— Celle-là sera plus difficile à évincer que la comtesse, mais on y parviendra comme pour les autres.

Il descendit les marches de la Rotonde et disparut à son tour derrière les bâtiments de bois du marché du Temple.

VIII

LE DÉPART D'UN BANDIT ET LE PETIT LEVER
D'UN GENTILHOMME

L'entrée des carrières d'Amérique est gardée par un pont jeté sur une gorge; à chaque extrémité de ce pont s'élèvent quelques arbres qui cachent la rampe des fours à plâtre bordant l'intérieur du ravin.

En avant de cette entrée, descend une route longée par les bureaux de la fabrique, dont les murs servent d'enceinte à une cour; de cette cour s'élève une tourelle plantée sur un puits; la girouette de cette tourelle, au toit pointu, découpe dans le ciel, comme nous l'avons dit, les lettres du nom de la fabrique. Des voitures de tout genre gissent çà et là le long de leurs remises : chariots, camions, brouettes emplatrées comme les portes de leurs hangars poussiéreux ; et ces hangars se continuent, au-delà de la cour, sur le chemin formant le coude, en face de l'entrée des carrières.

A midi, Protée, sous les habits dont il s'était revêtu pour aller trouver madame Gros-Gaillard, se présentait à la porte des bureaux de la fabrique ; il demandait à un employé à parler à son régisseur.

Le commis, non sans hésiter, pria Protée d'attendre avant de l'annoncer à son patron, travaillant à son courrier dans le cabinet d'à-côté.

Ce qui expliquait l'hésitation du subalterne, c'est que Protée s'était obstiné à ne pas dire son nom, et que Quinet, à l'heure du travail, n'était plus l'homme du cabaret du *Père Sournois* ou du café des *Trois-Billards*.

Esprit sérieux, esclave de ses devoirs, à l'heure des affaires il ne souffrait pas qu'on le dérangeât inutilement ; aussi gourmanda-t-il très-fort l'employé quand celui-ci lui annonça la visite d'un inconnu. Mais, à peine eût-il deviné son complice, que Quinet changea de ton ; il dit d'un air courtois, et d'une façon presque servile, au Protée :

— Monsieur, veuillez me suivre dans mes appartements ; je suis entièrement à vos ordres. Se tournant ensuite vers son commis, très-étonné du changement opéré dans le ton et les allures du patron, il ajouta : — Que personne ne nous dérange, sous quelque prétexte que ce soit; vous m'entendez? Si vous venez là-haut, avant que je vous appelle, je vous chasse; tenez-vous-le pour dit.

Puis Quinet s'inclina devant le Protée, qui pouvait passer à la rigueur pour un entrepreneur de bâtisse; il conduisit ce dernier au salon du château de la fabrique, dans l'un des corps de logis fermant la cour du côté de la route d'Allemagne.

Ce salon était précisément la pièce où s'était passé une partie du drame de 1820; c'était la chambre où était morte la femme de Saint-Sernay, empoisonnée par Valeda, après que son enfant eût été confié à Jean, l'imprudent auxiliaire de l'Indienne.

Il ne restait aucun vestige de l'intérieur coquet et somptueux de l'élégante marquise. C'était un salon froid, à peine meublé; une grande pièce où l'on traitait les affaires! On y voyait un guéridon du temps de l'empire; dans les coins, quelques fauteuils du temps de Louis XVI. Les hautes fenêtres, de la même époque, étaient à peine garnies de mauvais rideaux perses, fanés, déteints; entre les fenêtres, dans un de leurs panneaux, était fixé un tableau, un portrait peint à l'huile, de grandeur naturelle.

Cette figure avait du être d'une ressemblance frappante, tant son effet était saisissant; c'était un homme de trente-cinq ans; il était mis à la mode du Directoire, il portait un costume de bourgeois aisé; il y avait dans l'expression de ses traits de la droiture, de l'intelligence, de la bonhomie.

Chose singulière, il ressemblait au Protée : c'était sa figure au repos, la caricature de cette bonhomie, l'hypocrisie de cette grande intelligence ! On lisait, au bas du tableau : *A Blanchard,* fondateur de la fabrique d'Amérique, acquise par son ami *Fitz-Merald.*

A la vue du portrait, Protée ne put se défendre d'un mouvement de gêne. Quinet lui offrit un siége; il s'empressa de se placer de façon à tourner le dos à la peinture; ce mouvement n'échappa pas au régisseur. Protée devint furieux en devinant la pensée de Quinet. Aussi lui dit-il, avant de commencer l'entretien qu'il désirait avoir avec lui :

— Pourquoi m'as-tu conduit dans ce salon? Tu sais bien que je n'aime pas être ici, méchant malicieux !

— Bah ! fit Quinet, se méprenant avec intention sur le véritable motif de son appréhension. Il ne reste plus rien de la chambre de la marquise; après tout, les morts ne reviennent pas, ajouta-t-il en baissant la voix.

— Qui te parle de la marquise? c'est ce portrait que je n'aime pas voir, continua Protée avec humeur.

— Le portrait de ton père? interrogea Quinet, clignant des yeux et avec un singulier sourire.

— Misérable! s'écria Protée, qui se leva en lui prenant le bras.

— Tu te fâches! exclama le régisseur, blanc comme un mort sous la menaçante expression du Protée, hideux de rage.

— Oui, je me fâche! s'écria-t-il, ou plutôt je m'indigne! puis il lâcha le bras de Quinet d'un air de mépris; car, au moins, si Valeda et moi nous nous vengeons de cette famille, nous avons des raisons légitimes pour y semer la division, y attirer le meurtre; tandis que vous, misérables, vous n'avez qu'un but, l'intérêt! tandis que vous, comme l'a déjà dit mademoiselle de Bouillé, vous n'êtes que d'infâmes coquins!

— Parbleu! reprit le régisseur, complètement rassuré, et d'un ton moqueur : canonisez-vous tout de suite, pendant que vous y êtes!

— Non, fit Protée en haussant les épaules; mais, du moins, moi, je puis m'excuser; ce que tu ne peux faire, toi! car il y a vingt ans, quand je revenais ici repentant, demander à mon père l'oubli de mes fautes; si mon père m'avait tendu les bras, ouvert les portes de sa fabrique, peut-être n'aurais-je pas eu recours à tous les moyens que j'ai employés pour me les faire ouvrir de force aujourd'hui?

— Déduis à d'autres qu'à moi cette fausse conclusion, mon vieux camarade, lui répondit son complice en baissant la paupière, sur un ton plus narquois encore, et rappelles-toi que ton père lui-même ne pouvait plus te reconnaître; toi qui étais mort civilement; toi qui, il y a vingt ans, revenais déjà du bagne !

— On a bien pardonné à l'Enfant prodigue !

— Oui, mais, de son temps, on ne faisait pas des faux, le bagne n'était pas inventé, et l'Enfant prodigue n'avait pas fait ce que tu as commis...

— C'est bon ! assez causé ! s'écria Protée d'un ton qui ne souffrait aucune réplique; écoute-moi, je quitte pour jamais les carrières d'Amérique, j'abandonne votre partie. Je viens ici te faire mes adieux ?

— Bah ! est-ce que tu te repens ? est-ce que, sérieusement, tu veux entrer à la Trappe ?

— Je veux laisser à Valeda, que j'aime, entends-tu, que j'aime ! le soin de diriger nos projets de vengeance; il ne faut pas deux maîtres dans une même affaire, je la reconnais plus capable que moi de mener à bien l'œuvre commune, voilà tout.

— Pourtant, répondit sérieusement Quinet, elle a été bien imprudente avec Jean; n'a-t-elle pas failli nous trahir auprès des neveux de Fitz-Merald ?

— Allons donc ! répliqua Protée, que pouvait tenter Jean contre nous, puisqu'il est lié forcément à nous par l'affaire de 1820 ?

— Pas moins qu'il a failli tout dire...

— N'a-t-il pas été repris avant d'avoir dit un seul mot? répliqua Protée, juste à temps pour brouiller à jamais Saint-Sernay avec Bouillé. C'est encore là une tactique de Valeda, une fine mouche qui sait mieux que vous où il faut atteindre et blesser nos ennemis; aussi est-ce à elle désormais que vous devez obéir. Quant à moi, je me retire jusqu'au jour où elle daignera m'appeler pour travailler avec vous à l'accomplissement de son œuvre. Je quitte Valeda pour vous transmettre sa volonté, la mienne, puisque je deviens son esclave.

— Ah bah! — exclama Quinet, la bouche béante, les yeux fixes, et ne revenant pas de ce qu'il entendait.

Puis il demanda au Protée, déjà levé pour prendre congé de lui :

— Et l'on te reverra!

— Ou mort ou propriétaire de l'Amérique; adieu, Quinet!

Et, comme il en avait l'habitude, il glissa plutôt qu'il ne sortit derrière la porte de la chambre avant que Quinet eût eu le temps de s'apercevoir de son absence.

— Il nous trompe, il veut nous donner le change à moi et au Gros-Gaillard, se dit le régisseur tout pensif après être revenu de son étonnement, prêt à partir à la suite du Protée.

En ce moment, ce dernier rencontrait, au bas de l'escalier, une vieille femme, les yeux en pleurs, le visage bouleversé : c'était madame Bigorneau.

Le Protée l'arrêta et l'appela par son nom.

— Vous cherchez votre fils? lui demanda-t-il.

— Oui, monsieur, répondit la malheureuse mère; est-ce que vous savez où il est le pauvre enfant? Si vous le savez, oh! dites-le moi, mon bon monsieur, et je mettrai votre nom dans mes prières.

La brave femme, les mains jointes, allait presque embrasser ses genoux; le bandit l'arrêta et lui dit :

— Votre fils vous sera rendu lorsque Francine, cette orpheline, sera hors d'état de le revoir; quant à Jean, la cause de vos malheurs, ne le revoyez, ne lui parlez jamais; ne parlez surtout, à qui que ce soit, de ce qui vous arrive, pour la mémoire de votre mari, pour l'honneur de votre nom.

— Comment! pas même à monsieur Quinet, l'ancien patron de mon fils? demanda la pauvre mère, très-intriguée.

— Non, il ne pourrait vous répondre.

— Mais, vous, me promettez-vous que je reverrai mon fils?

— Oui, si vous l'éloignez de Francine, si vous n'écoutez plus Jean.

— Oh! ils m'ont trop porté malheur!

— A ces conditions vous reverrez votre enfant.

— Vous me le promettez, monsieur?

— Je vous le jure !

Protée fit mine de s'éloigner sans répondre davantage aux pressantes questions de la mère qui voulait savoir encore où l'on tenait captif son cher enfant.

Pendant que madame Bigorneau le pressait ainsi, inspirée par sa sollicitude maternelle, un ouvrier, venu comme par hasard, porteur d'une énorme poutre, sépara en chemin Protée de madame Bigorneau; ce dernier profita du mouvement de retraite de la bonne femme pour s'esquiver derrière l'ouvrier et pour gagner la porte de la cour.

Quand la vieille femme voulut revenir à lui, il lui fut impossible de le retrouver; malgré sa recommandation, la pauvre mère se décida à demander à un autre ouvrier si monsieur l'inspecteur était visible?

On lui répondit qu'il venait de sortir. Au moment où elle demandait à un employé l'heure à laquelle il était visible, une voix lui soufffa dans l'oreille :

— Mais vous êtes donc lasse de vivre !

Madame Bigorneau se retourna suffoquée; elle ne vit personne, elle sortit épouvantée de la fabrique, bien convaincue, désormais, qu'elle était au pouvoir de tous les démons de la terre.

Pendant que ces événements avaient lieu à l'Amérique, on se rappelle que le marquis de Saint-Sernay, après sa singulière entrevue avec Protée, déguisé en envoyé d'ambassade, se disposait à aller trouver le comte de Bouillé sur la provocation qu'il lui avait faite.

Le comte n'était pas moins étonné de tout ce qui lui était arrivé depuis quelques jours.

On se souvient que Jean, à sa sortie du passage Saint-Pierre, avait conduit Francine à la maison du comte de Bouillé ; du moins, c'était ce que Korantin avait appris à Saint-Sernay.

Jean avait eu ses raisons en ne voulant pas que Francine restât au passage Saint-Pierre, chez le jeune Bigorneau ; l'ouvrier aimait Francine, ensuite le jeune ouvrier n'était pas lui-même à l'abri des atteintes de la bande de Protée.

Chez le comte de Bouillé, au contraire, homme à l'esprit chevaleresque et plein de droiture, Francine n'avait rien à redouter.

Quand le soir, Jean se présenta au comte, tenant Francine par la main, le croque-mort n'eût que ces seuls mots à dire pour être complètement rassuré sur le sort de sa protégée :

— Je m'appelle Jean Duccessois, l'ancien garde-chasse de Saint-Maxent. Je vous prie d'arracher cette jeune fille des mains de la comtesse de Bouillé ; je vous en prie, au nom de la femme que vous avez le plus aimée au monde, après votre mère.

Le comte de Bouillé fut saisi de stupeur à la vue de Jean, qu'il croyait mort, depuis quinze ans ; à la vue d'une enfant qui avait tous les traits de mademoiselle de Saint-Maxent, devenue pour son malheur l'épouse du marquis de Saint-Sernay !

Bouillé voulut presser Jean de questions ; mais, après avoir fait jurer au comte qu'il protégerait Francine, fort étonnée aussi de tout ce qu'elle voyait, le croque-mort, prêt à s'éloigner, dit à son nouveau protecteur :

— Je ne puis parler que demain, devant Fitz-Merald, votre oncle, dont votre famille attend le retour ; demain vous saurez tout, si vous consentez, pour cette nuit, à donner asile à cette jeune fille.

Alors Bouillé se retira afin de donner des ordres pour que, dès l'instant, toute la maison de la rue de Valois fut à la disposition de celle qui ressemblait, trait pour trait, à mademoiselle de Saint-Maxent.

Puis, lorsque le comte de Bouillé voulut retourner vers Jean pour lui faire mille questions sur la jeune fille, il le chercha en vain. Celui-ci avait à peine franchi le seuil de la maison du comte, qu'il avait été enlevé par les saltimbanques sous les ordres de l'Hercule.

De son côté, Bouillé ne put aller rejoindre Francine ; un de ses domestiques vint le prévenir que, depuis une heure, des hommes de mauvaise mine, ressemblant à des recors, rôdaient aux alentours de son habitation.

Le comte, qui était poursuivi pour dettes, jugea

prudent de déguerpir. Malgré sa grande envie d'interroger sa nouvelle hôtesse, il remit au lendemain sa visite à Francine et son interrogatoire à Jean; il se contenta de recommander à son valet de lui renvoyer les lettres qui pourraient lui être adressées, rue de Valois; il se décida, ce soir-là, pour dépister les recors, à se rendre à son second domicile de la Chaussée-d'Antin.

Du reste, ce n'était pas sa petite maison de la rue de Valois qu'il habitait ordinairement; elle ne lui servait qu'à recevoir quelques-unes de ses maîtresses, celles qui se respectaient assez pour ne pas se laisser afficher par sa galanterie, très-compromettante, car malgré lui, à cause de sa ressemblance extraordinaire avec son cousin, ressemblance qui avait encore frappé Francine, Bouillé jouissait d'une réputation détestable.

Le comte occupait, rue de la Chaussée-d'Antin, un splendide appartement, formant le premier étage d'une maison de la rue du Mont-Blanc.

Des draperies somptueuses, de splendides tapis d'Aubusson, des tableaux de maîtres, des armes précieuses, des objets d'art rappelant les chefs-d'œuvre de la Renaissance, ornaient cet appartement qui accusait cette aisance facile, cette ampleur de comfort permis seulement aux millionnaires.

Mais depuis quelques années, grâce aux manœuvres de la dame Gros-Gaillard, devenue la dispensatrice de ses nombreuses folies, Bouillé s'était vu forcé de restreindre ses prodigalités.

Lorsque le comte entra chez lui, il fut reçu par Joseph, unique valet de chambre, qui, avec un cocher palefrenier, composait alors le personnel de sa maison.

Il se coucha à la hâte, la tête toute remplie de l'apparition de la jeune fille qu'il se promit bien de revoir le lendemain, une fois à l'abri des recors.

Il attendit le petit jour avec impatience.

Lorsque Bouillé sonna, Joseph lui apporta sur un plateau d'argent plusieurs plis, parmi lesquels se trouvait un petit billet que le comte reconnut à l'écriture, à l'orthographe, pour avoir pris naissance sous la main de son ancienne maîtresse, l'actrice Bamboche.

C'était elle, en effet, qui s'était décidée à lui écrire, ne l'ayant pas trouvé la veille à sa petite maison de la rue de Valois.

Le comte ouvrit la lettre avec insouciance et lut ces quelques lignes :

« Monstre, je sais tout ! Vous me laissez en panne
« pour une ancienne ouvrière, réclamée aujourd'hui
« par des saltimbanques, moi, une artiste ! Elle est en
« ce moment dans la maison d'où je suis chassée ; je
« laverai cette honte dans votre sang ! En attendant
« l'heure de la vengeance, vous ne reculerez pas, je

« l'espère, devant un déjeuner d'explication au res-
« taurant du vénéré Père Lathuile.

« A bientôt, scélérat, votre trop fidèle,

« Bamboche. »

Il jeta dédaigneusement la lettre en dessinant sur ses lèvres un sourire moqueur.

Bientôt son front se plissa, ses lèvres se contractèrent, la douleur mêlée à la colère se peignit sur son visage, lorsqu'il aperçut sur le plateau un pli scellé aux armes de son cousin.

C'était la provocation que lui avait fait parvenir Saint-Sernay; il la lut, la relut à plusieurs reprises sans la comprendre. Puis il sonna le valet de chambre qui s'était retiré dès la lecture de la première lettre, après avoir déposé le plateau sur un meuble.

— Joseph, — lui demanda le comte, d'où vient cette lettre, qui l'a apportée?

— Cette lettre vient de la maison de monsieur le comte, rue de Valois, comme tous ces papiers; elle a été apportée, m'a-t-on dit, par Korantin, l'homme de confiance de monsieur le marquis.

— Alors, c'est grave! se dit en lui-même le comte de Bouillé! — C'est bien, habille-moi, je vais sortir; s'il vient quelqu'un, porte close pour tout le monde.

— Mais, monsieur le comte n'a pas lu toutes sa correspondance?

Le valet de chambre, soit malice, soit naïveté,

montra au comte certains grands plis qui n'étaient que des significations de jugement avec prise de corps, car l'huissier, habitué à poursuivre des fils de famille, les avait poliment remises sous enveloppe, au domicile du débiteur, parlant *à la personne d'un homme* au service du noble comte.

Celui-ci regarda d'un air de menace son valet. Croyant s'apercevoir qu'il était de bonne foi, il lui répondit :

— Ces lettres-là, je les devine avant de les lire; et elles sont toutes les mêmes. Habille-moi ! tu iras ensuite me chercher une voiture; surtout plus de question où je te réformerai comme j'ai déjà réformé mon valet de pied avec mon tilbury !...

Une fois habillé, en attendant la voiture qui devait le ramener à sa maison de la rue de Valois, le comte passa dans un élégant cabinet, cabinet de travail en même temps qu'un *retiro* pour le *far niente,* où il s'enfermait d'ordinaire afin de se recueillir, ou fumer quelques cigares de la Havane.

Le comte de Bouillé, d'un caractère gai, d'une insouciance à toute épreuve, quand il ne se reportait pas au plus terrible événement de sa vie, c'est-à-dire à la mort de la marquise de Saint-Sernay, le comte marcha à grands pas dans cette pièce. Il froissa avec rage la lettre du marquis; il se frappa le front en se demandant :

— Quel ennemi invisible a jeté pour moi, au visage du marquis, l'insulte dont il me rend responsable ! Ne suis-je pas assez malheureux de cette mort qu'on m'impute ? Quel est ce nouveau mystère, qu'est-ce que cette enfant qu'on place au bord de l'abîme où je vais peut-être m'engloutir ? Tout est surnaturel autour de moi ! Est-ce donc mademoiselle de Saint-Maxent que je revois sous les traits de cette jeune fille que m'a amenée ce Jean, au moment où mon cher cousin prononce, comme il me l'écrit, mon arrêt de mort ou le sien ?

Bouillé, à cette dernière pensée, fouilla au fond d'un tiroir secret ; il en retira un médaillon. Il se mit à le contempler avec une attention que l'amour ou la haine peuvent seuls produire.

Le médaillon encadrait un charmant visage de jeune femme, représenté avec une fidélité extrême.

Cette jeune femme était coiffée à la mode de 1820 ; chose à remarquer, il y avait entre elle et le comte de Bouillé une certaine analogie dans les traits comme dans le type.

Cette physionomie offrait un incontestable caractère de famille, caractère bien plus frappant si on la comparait aux traits du marquis de Saint-Sernay et de la comtesse de Bouillé.

Et si la physionomie suave et énergique du portrait que le comte semblait consulter, était par la pensée rapprochée de Francine, on était frappé de leur identité : même coloration, même regard, même douceur des lignes, tout, jusqu'à l'âge, achevait de rendre la ressemblance frappante.

Cette miniature, cependant, était un portrait de famille.

Il y avait donc, comme Jean le lui avait fait comprendre, un secret à connaître, un horrible mystère à dévoiler, une puissance infernale à combattre dans ce qui tenait à l'origine et à l'existence de Francine ?

Bouillé en parut plus convaincu que jamais en examinant le médaillon; puis, après avoir fait la part des souvenirs que ce portrait lui rappelait, il fit jouer la charnière retenant la boîte de ce médaillon. Une fois la boîte ouverte, un saisissement subit s'empara du comte, il s'écria avec terreur, élevant la boîte vide :

— Grands dieux ! la lettre, la seule lettre qui était une preuve de l'innocence de la marquise, n'est plus là! Cette preuve que je gardais depuis des années, elle m'a été volée ! tout est perdu ! je ne puis même sauver l'honneur de feu madame de Saint-Sernay.

Comment cette pièce avait-elle été soustraite par les complices du Protée, sinon par le Protée lui-même, on le saura plus tard.

Le comte de Bouillé, pâle, hors de lui, s'épuisait déjà en conjectures quand Joseph, par habitude, sans doute, annonça à son maître :

— La voiture de monsieur le comte.

Dans sa préoccupation, Bouillé sortit du cabinet, en négligeant de remettre le médaillon à la place d'où il l'avait tiré.

Il était neuf heures du matin, il se fit conduire au café de Foy.

Un garçon qui, autrefois, avait été à son service, vint à lui pour lui énumérer un menu de prince.

Bouillé se contenta de lui répondre :

— Sers-moi une tasse de chocolat.

— Monsieur le comte est donc malade ?

— Peut-être.

— En effet, reprit le garçon avec intérêt, monsieur le comte est d'une pâleur...

— Qui s'explique, mon pauvre Antoine, — daigna répondre Bouillé en affectant l'insouciance. — Figures-toi qu'à mon lever, j'ai une maîtresse qui me demande une réparation, une jeune fille qu'il faut que je protége, des recors qui veulent me saisir et un rival qui tient à me tuer. Tu le vois, je n'ai pas de temps à perdre, mes moments sont comptés, sers-moi vite.

Le garçon, ébahi, le servit comme il désirait.

Quand la pendule vint à sonner dix heures, le comte quitta la table et sortit.

La voiture remonta au galop la rue de Clichy ; en peu de temps il se retrouva à sa maison de la rue de Valois.

Quoiqu'il eût une clé pour pénétrer dans sa demeure, il sonna; il attendit discrètement que le domestique auquel il avait confié Francine, vint lui ouvrir.

Il fit dire à son valet :

— Veuillez prier la personne qui habite l'étage supérieur de se rendre au salon, j'ai à l'entretenir de choses importantes.

Le valet s'inclina très-surpris : ce n'était pas là les coutumes de la maison.

Le comte attendit Francine dans une émotion semblable à celle qu'il avait éprouvée, quinze ans auparavant, à la vue de mademoiselle de Saint-Maxent.

IX

ENTRE PARENTS

La jeune fille parut devant son nouveau protecteur.

Bouillé fut stupéfait, ébloui, en la voyant entrer au salon.

C'était bien tout le portrait de mademoiselle de Saint-Maxent.

La candeur de Francine, la décence de son maintien, et l'auréole de virginité qui rayonnait de son front, donnaient à sa personne un prestige divin, commandant le respect et l'admiration.

Francine n'était pas moins étonnée que le comte.

Depuis deux jours, c'était le troisième individu qu'elle revoyait, dans des situations différentes, avec le même visage !

Le comte, en dépit de son trouble, devina l'embarras de la jeune fille. Il l'engagea à s'asseoir et prit la parole :

— Remettez-vous, mademoiselle, et croyez à tout mon dévouement. Je vais vous le prouver en sollicitant de vous certaines confidences dans l'unique but de vous consacrer ma vie.

Bouillé prononça ces mots dans un élan chaleureux qui ne fit qu'intimider davantage la jeune Francine.

Elle se remit pour lui répondre, sans cesser de fixer sur lui des yeux étonnés :

— Monsieur, ce qui m'arrive depuis trois jours, où je marche de surprises en terreur, est tellement extraordinaire, que je croyais ne plus devoir rien apprendre, quand Jean m'a conduit chez vous, pour y recevoir cette singulière hospitalité dont je ne saurais trop, cependant, vous remercier.

— Ne me remerciez pas, mademoiselle, vous ne savez pas tout ce que votre présence me rappelle de bonheur ! Mais, — interrogea Bouillé changeant de ton, pour ne pas trop effaroucher la jeune fille, déjà tremblante ; mais pourquoi donc monsieur Jean vous a-t-il conduit à ma demeure plutôt que dans toute autre?

— Parce que les divers domiciles où nous comptions aller frapper nous étaient fermés; parce que j'étais sans asile, monsieur!

La jeune fille courba la tête et sanglotta.

— Vous si jeune, si belle, si digne d'intérêt, vous étiez sans toit, sans parents? Jean, lui-même ne pouvait-il vous recevoir chez lui?

— Il ne s'appartient pas, monsieur, il appartient à nos ennemis.

— Vous avez donc des ennemis?

— Qui sont aussi les vôtres, à ce que m'a dit Jean.

— Et ce Jean, vous le connaissez depuis longtemps? continua Bouillé stupéfait.

— Je l'ai vu pour la seconde fois hier, au passage Saint-Pierre, au moment où il me défendait, lui et ses amis, contre une troupe de saltimbanques; mais il paraît que lui vous connaît de longue date.

— En effet, répondit Bouillé, heureux de la confiance que ce premier entretien établissait entre eux, j'ai connu Jean pour avoir été autrefois garde chasse au château de Saint-Maxent. Avez-vous jamais entendu parler de Saint-Maxent, mademoiselle?

— Quelquefois, monsieur, quand je l'habitais dans ma plus tendre enfance, avec madame Bigorneau, qui, il y a trois ans, m'a chassé de chez elle, à la suite de la mort de son mari.

9

— Chassée ! pourquoi ?

— Parce que mon existence, à ce qu'il paraît, compromet la vie de tout le monde ; parce que monsieur Bigorneau, l'ancien gardien des carrières d'Amérique, est mort, dit-on, à cause de moi ! Et hier, chassée moi-même par mon maître d'apprentissage, monsieur Quinet...

— Monsieur Quinet, le bijoutier de la rue du Temple, le régisseur des carrières d'Amérique ? l'interrompit-il.

— Vous le connaissez ? demanda-t-elle curieusement.

— Je le crois bien, c'est le régisseur de mon oncle.

— Ah ! fit Francine avec un mouvement de tête, je commence à comprendre pourquoi monsieur Jean m'a conduite près de vous, quand, désespérée, presque folle, après avoir été chassée de ma maison d'apprentissage, je me rendais passage Saint-Pierre, chez mon frère de lait, le fils de madame Bigorneau.

— Votre frère de lait ne redoute pas, à ce qu'il paraît, la fatalité atteignant ceux qui essayent de vous protéger ?

Il y avait de l'amertume dans cette question de Bouillé ; il se sentait déjà jaloux de celui qu'il soupçonnait être un rival.

Francine, tant elle était naïve, ne lui permit même

pas le doute, à cet égard ; elle lui répondit franchement :

— Il m'aime, monsieur... oh! comme un frère, se reprit-elle en rougissant à la singulière impression produite sur le visage de Bouillé, par son trop franc aveu.

Ensuite elle lui demanda pour lui faire oublier sa trop grande franchise :

— Mais, vous-même, n'avez-vous pas un frère?

— Pourquoi cette question, mademoiselle? — lui répondit-il assez froidement.

— Parce que j'ai vu, au passage Saint-Pierre, quelqu'un qui avait avec vous une ressemblance frappante. En vain, ajouta-t-elle avec une volubilité pleine d'animation, en vain, ai-je interrogé Jean à ce sujet, il m'a été impossible de tirer de lui quelques éclaircissements. En entrant ici, chose singulière, je croyais d'abord venir chez monsieur de Saint-Sernay : c'est le nom qu'on a prononcé à l'arrivée de celui qui nous a sauvés, au passage Saint-Pierre ; et, chose plus extraordinaire encore, j'ai appris que vous vous nommiez le comte de Bouillé, que vous étiez précisément celui qui, hier, s'était posé en adversaire de monsieur de Saint-Sernay.

— Moi? — s'écria-t-il au comble de la surprise, — j'étais hier au passage Saint-Pierre, moi, je me suis posé en adversaire du marquis, moi? Mais je n'ai pas bougé de cette maison?

— Alors vous avez un troisième frère?

— Non! répartit Bouillé confondu, et qui, aux paroles de la jeune fille, entrevit tout le mystère de la provocation du marquis, — je n'ai qu'un cousin, le marquis de Saint-Sernay ; il est rarement à Paris, et je ne le vois pas depuis six ans. Quant à ce troisième personnage, que vous avez rencontré, ce ne peut être qu'un misérable intrigant qui a pris mon nom, mon visage, pour mieux me compromettre!... Ah! fit-il, en se frappant le front, — je comprends la lettre de Saint-Sernay! Son rendez-vous de ce matin est l'œuvre, à n'en plus douter, de cet ennemi invisible?

En effet, le comte, comme le marquis, avait eu des soupçons sur un personnage mystérieux qui prenait ses traits et ceux de son cousin, dans un but qu'il ne pouvait aussi définir.

Il avait même interrogé la police, qui lui avait fait entendre que ce personnage étrange pouvait bien être le chef des bandits des carrières d'Amérique.

Il s'était renseigné à ce sujet auprès de Quinet qui, comme on le pense bien, avait essayé de le dissuader.

Bouillé, très-peu convaincu par le régisseur des carrières, s'était adressé à Fitz-Merald; alors celui-ci lui avait dit, avec des supplications, de ne faire aucune recherche sur ce personnage singulier parce qu'il y allait de l'honneur de sa maison!

Bouillé, malgré lui, s'était résigné à ne plus parler de ce terrible personnage dont son cousin, très-rarement à Paris, ignorait encore les prouesses exécutées, tant en son nom qu'au nom de Bouillé et qui, toutes, étaient bien faites, pour accroître encore la terrible réputation du gentilhomme boxeur.

Les soupçons de Bouillé, réveillés par les récentes paroles de la jeune fille, l'éloignèrent aussitôt de sa passion naissante.

Il ne se rappela que son rendez-vous avec son cousin et le mystère qui l'avait provoqué.

Le comte regarda à la pendule du salon; la pendule marquait onze heures et demie.

Francine, de son côté, examina curieusement Bouillé qui, depuis un instant, se parlait à lui-même comme pour résoudre un problème que les demandes de la jeune fille rendaient de plus en plus insolubles.

— Ma chère enfant, — répliqua-t-il avec une sollicitude toute paternelle, — je dois vous dire qu'en venant ici un autre devoir tout aussi impérieux me guidait. Pour le moment, suspendons nos confidences. J'en sais assez pour ne plus me tromper sur vos ennemis, qui sont aussi les miens. Jean, avec intention, vous a conduite ici, c'est à moi de mériter sa confiance en conjurant le sort qui, je l'espère, ne s'acharnera pas toujours après vous, vous qui avez tout ce qu'il faut, au contraire, pour être recher-

chée, aimée et adorée... Quoi qu'il arrive, ma belle demoiselle, termina le comte en la prenant respectueusement par la main, et prêt à la reconduire :
— Considérez cette maison comme la vôtre; celui qui vous y donne asile comme un père, qui, à l'avenir, veillera toujours sur vous.

L'enfant fixa sur le comte des regards pleins de reconnaissance.

Une secrète sympathie l'attirait vers Bouillé quand, toutefois, la passion ne se mêlait pas à ses paroles.

Elle se sentait l'aimer comme un père; du reste, elle ne pouvait l'aimer autrement.

A cet instant critique, elle avait tant besoin d'appui, qu'elle n'aurait pas hésité à accepter la protection de Bouillé, se fût-il montré moins sympathique.

Du reste, elle ne faisait qu'obéir à Jean dont elle avait apprécié le dévouement.

Francine donnait la main à Bouillé, avant de quitter le salon, prête à embrasser cette main proctectrice que celui-ci retira doucement, par prudence pour lui-même.

Une scène nouvelle vint confondre d'étonnement et de terreur Francine déjà si éprouvée.

Bouillé s'était à peine avancé vers la porte conduisant aux appartements de sa protégée, que la porte vis-à-vis s'ouvrit brusquement; le domestique jeta ce nom, qui fit arrêter le comte et la jeune fille :

— Monsieur le marquis de Saint-Sernay !

En même temps l'horloge sonna midi.

Le marquis parut, pâle, frémissant de colère ; on sentait qu'il se contenait pour ne pas éclater devant Francine et Bouillé.

La jeune fille était tremblante. Le comte, non moins ému, paraissait du moins résigné ; il s'empressa de dire à sa jeune protégée :

— Rentrez, mon enfant, ce que j'ai à dire à mon cousin ne peut vous concerner.

La jeune fille disparut en jetant à Saint-Sernay des regards de supplication qui ne firent que l'irriter davantage.

Lorsque la porte se referma, les deux cousins, à l'extrémité de la pièce, restèrent debout, face à face, comme terrifiés, sans prononcer une parole.

L'orage était dans l'air, il ne pouvait qu'éclater.

Ce fut le marquis qui commença, lui qui, ayant entendu les derniers mots du comte, était à bout de rage et de douleur.

— Monsieur, mon cousin, lui dit-il, les dents serrées, la voix brisée par la colère, — je vois que vous continuez, aujourd'hui chez vous comme hier au passage Saint-Pierre, à vous rendre justice ; mais avant de vous reconnaître le père de cette enfant, j'aurai lavé l'outrage que vous m'avez jeté à la face. Il est midi, vous avez vos témoins ?

— Avant de répondre à votre provocation, monsieur de Saint-Sernay, lui répondit-il froidement, il faudrait d'abord la comprendre.

— Lâche! cria le marquis, prêt à bondir sur lui.

— Vous êtes chez moi, marquis, — lui fit doucement observer le comte, lui retenant le bras sur un ton de résignation, avec un accent de dignité qui apaisa une partie de la colère de son rival.

— Alors, vous ne vous battez pas? lui demanda Saint-Sernay, le regardant avec dédain.

— Si vous le voulez, je me battrai, — répondit le comte, — mais tout en protestant contre des outrages dont un intrigant, sans doute, vous a abreuvé pour nous perdre au profit de tous ceux qui ont comploté notre ruine.

— Ainsi ce n'était pas vous qui étiez au passage Saint-Pierre ?

— Je vous le jure.

— Qui m'avez insulté?

— Je le jure encore.

— Alors pourquoi voulez-vous protéger cette enfant que moi aussi j'aime d'avance, parce qu'elle me rappelle...

— Celle que j'ai aimé, comme vous!... ajouta le comte, fort irrité de cette inquisition.

— Ah! misérable, tu l'avoues, s'écria le marquis, qui revint contre lui, la rage au cœur.

— Oui, mais que j'ai aimé saintement, comme

un frère, ne pouvant être son époux, et que vous, marquis, vous avez laissé mourir, parce que vous n'avez jamais cru à son innocence !

— Ah ! vous allez voir, — s'écria Saint-Sernay avez ironie, — que c'est moi qui aurai tort, parce que je n'ai pas voulu réparer la honte que m'a jetée à la face monsieur mon cousin !

— Si mademoiselle de Saint-Maxent, devenue marquise de Saint-Sernay, fût morte à cause de moi, il y a longtemps que ses ennemis n'existeraient plus.

— En d'autres termes, monsieur, je suis un lâche parce que je n'ai pas vengé cette mort, n'est-ce pas ? — interrogea le marquis, frisonnant. — Eh bien ! tant mieux ! Cette leçon que vous me donnez me fournit un nouveau prétexte pour me battre avec vous. Cette fois, pour que vous ne disiez pas demain, ce que vous me dites aujourd'hui : que ce n'est pas vous qui, hier, m'avez parlé, défié, insulté, nous allons nous battre ici, sur l'heure ; je l'entends, je le veux, je suis l'insulté, je le veux !

Le marquis, les poings fermés, alla contre son cousin, qui lui répondit :

— Alors vous m'assassinerez !...

— Oh ! s'écria Saint-Sernay en se frappant le front, et cet homme est mon parent, cet homme est gentilhomme ? Oh ! lâche ! lâche ! lâche !

Saint-Sernay se rapprocha plus près encore de

9*

Bouillé, le provoquant, le défiant de plus en plus, la main tout contre sa joue. Celui-ci lui répliqua :

— Puisqu'il le faut, monsieur, continuons donc l'héritage fatal, l'héritage de meurtre des Fitz-Merald, mais que mon sang retombe un jour sur vous !

Et les deux cousins, à bout d'outrages, s'apprêtaient à quitter le salon quand la porte s'ouvrit de nouveau.

Une femme tout habillée de noir se dressa devant eux.

C'était la comtesse de Bouillé.

Tous deux se reculèrent à la vue de ce mauvais génie ; car depuis que leur oncle Fitz-Merald, âgé de quatre-vingt-cinq ans, était tombé presque en enfance, il exerçait sur le chef de la famille une influence aussi absolue que funeste.

La comtesse resta un instant sur le seuil à contempler ses cousins, ses ennemis. Un sourire infernal glissa sur ses lèvres pâles ; ses yeux rayonnèrent d'une joie féroce devant ces deux hommes dont la colère avait aussitôt fait place à la terreur.

D'instinct plus encore que de raisonnement, le comte et le marquis savaient que, depuis quinze ans, cette femme ourdissait la trame fatale de toutes les hontes, de toutes les infamies qui les enveloppaient de près comme de loin, unis ou divisés.

La comtesse, de son sourire de démon, de ses yeux de reptile, resta quelque temps à dévisager Bouillé et Saint-Sernay; puis elle inclina la tête, moins pour les saluer que pour s'applaudir de la situation qu'elle avait fait naître, où la vie de ses parents était si bien en jeu au profit de sa haine et de son ambition.

Enfin elle rompit le silence; d'un ton tout à fait aristocratique, elle leur dit :

— Pardonnez-moi, chers cousins, si je vous dérange au moment où j'ai appris que vous vouliez venger la mort de notre malheureuse cousine de Saint-Maxent.

— Comment, comtesse, vous nous espionniez, se récria le marquis, honteux pour elle.

— Non, répliqua-t-elle, seulement j'ai laissé parler les espions de notre cousin Bouillé, qui n'est plus assez riche pour avoir des serviteurs discrets.

— Madame, lui répondit Bouillé avec mépris, si c'est pour nous injurier que vous nous revenez au bout de dix ans, il était fort inutile de vous déranger, pour nous causer sans doute de nouveaux malheurs?

— Mon injure, après tout, cher Bouillé, fit la comtesse, se trouve déjà au niveau de votre inconvenance; et il ne serait pas généreux à moi, à cette heure, de vous irriter encore! Non, je veux profiter au contraire du moment solennel qui nous réunit pour nous entendre. J'éprouve un impérieux besoin d'une explication entière avec vous; aussi permettez moi de m'asseoir, veuillez imiter mon exemple ; notre conversation sera longue et pleine d'intérêt pour nous tous.

Elle se plaça sans façon sur un fauteuil. Bouillé et Saint-Sernay, à une légère distance l'un de l'autre, se décidèrent à prendre chacun un siége.

Le comte, qui savait par expérience que la comtesse était personnellement son ennemie, s'empressa de lui répondre :

— Avant tout, madame, je dois vous prévenir que je suis très-disposé à vous écouter, et avec la plus grande modération ; pourtant je vous prie de ne pas oublier ce que j'ai rappelé à Saint-Sernay, que vous êtes ici chez moi.

— Pardon, cher cousin, répliqua-t-elle avec son plus perfide sourire, je vous crois dans l'erreur dès le début... Votre demeure est rue du Mont-Blanc, je le sais, je m'y suis présentée avant de venir ici... Et ici, peut-être est-ce vous qui êtes chez moi?

— Que voulez-vous dire? l'interrogea Bouillé, pendant que le marquis était tout aux paroles de la comtesse.

— Vous m'avez promis de m'entendre avec la plus grande modération, reprit-elle froidement. Ecoutez-moi donc ! Vous devez quelque chose comme cinq cent mille francs à une usurière qui n'a pas hésité à vous les avancer sur votre signature, sachant que vous espériez encore une riche succession. Tous les effets que vous avez souscrits à cette femme ont donné lieu à des jugements contre vous, avec prise de corps. On se doit, entre parents, de se respecter. Je n'ai pas voulu vous laisser à la merci d'une usurière qui fut notre servante! J'ai payé les cinq cent mille francs à madame Gros-Gaillard; depuis ce matin, les titres qu'elle possédait sont entre mes mains, ou plutot entre celles de mon huissier, qui a ordre d'instrumenter contre vous. Regardez, fit-elle en sortant de sa poche un papier signé de Valeda, voilà l'abandon écrit des titres de vos créances, fait en ma faveur, par madame Gros-Gaillard?

Elle montra triomphalement le papier de sa complice.

— Comment, s'écria le marquis indigné, c'est vous, comtesse de Bouillé, qui voulez mettre notre cousin à Sainte-Pélagie?

— Moi-même, cher marquis, fit la comtesse avec le plus grand calme... Que trouvez-vous à cela d'étonnant?

— C'est infâme! et digne de tout ce dont on vous accuse, s'écria à son tour le comte de Bouillé qui s'était levé furieux.

— Attendez donc! mais cette écriture? interrompit le marquis, qui n'avait pas quitté des yeux le papier présenté par la comtesse; mais cette écriture? c'est la même que celle-ci? Il sortit de sa poche un papier jauni, fripé, où étaient tracées des lettres devenues blanches avec le temps. Oui, la même que celle de cette lettre anonyme où l'on m'annonçait, il y a quinze ans, que madame la marquise de Saint-Sernay mourait de remords et de honte en accouchant d'un enfant de mon rival, le comte de Bouillé? d'un enfant qui expirait en même temps que la mère coupable! Et cette écriture, je le répète, est la même que celle-ci? Et c'est vous, comtesse, qui avez dicté ces paroles, élevant une éternelle barrière entre Bouillé et moi? Comme c'est vous qui vous êtes mise derrière Valeda pour ruiner mon cousin! Ces deux faits me dévoilent une partie de l'affreux mystère qui enveloppe la mort de la marquise.

Saint-Sernay avait dit ces paroles en se levant d'un air accusateur.

Malgré l'empire que la comtesse conservait sur elle-même, on vit son front se rougir, le sang lui injecter les yeux, un frémissement nerveux agiter les muscles de son visage.

Elle reprit bientôt un calme apparent.

Replaçant, d'une main fébrile, son papier dans les plis de sa robe, elle répondit à Saint-Sernay :

— J'aurais cru au moins, marquis, vous qui n'êtes pas encore en cause, j'aurais cru que vous eussiez fait preuve de plus de modération? Avez-vous donc oublié, ajouta-t-elle en arrêtant sur lui un regard dans lequel se lisait une effroyable vindication, ce que vous m'aviez promis autrefois, avant de connaître mademoiselle de Saint-Maxent? Faut-il que je vous force, un jour, à vous en souvenir?

— En effet, vous espériez m'épouser! Vous, comtesse, ma femme?... vous... vous... ricana convulsivement le marquis. Et pourquoi, ajouta-t-il en se calmant, parce que vous croyez encore que je suis l'héritier de Fitz-Merald? Eh bien! détrompez-vous; n'ambitionnez plus l'honneur de mon nom; car, si ce n'est pas encore une tactique d'un des intrigants dirigés contre nous, j'ai appris ce matin qu'un fils de Fitz-Merald existait; un Pedro Pedrini que nous croyions tous mort. C'est à lui désormais que vous devez faire votre cour, comtesse?

— Vous jugez donc mon âme bien vénale, marquis? répondit la comtesse, qui, à cette nouvelle de Saint-Sernay, conçut de nouveaux soupçons sur Valeda et sur Protée.

Cette fois, cependant, elle fut maîtresse d'elle-même.

Elle reprit avec un accent mielleux :

— Voyons, chers cousins, ne nous emportons plus : songez que notre oncle, malade, infirme, revient parmi nous pour nous prêcher l'union et la concorde...

— Mais il est revenu, répliqua le marquis, puisque je l'ai vu hier, moi, aux alentours de la fabrique? Jamais il ne m'avait paru mieux portant.

La comtesse reprit froidement :

— C'est possible ! alors il aura avancé son départ de son château de Bougival. Vous savez que notre oncle aime les promenades solitaires !

Puis elle se dit :

— C'est encore un tour du Protée ou de Valeda.

Tout haut, elle continua :

— Raison de plus pour redevenir de bons parents, pour causer en bons parents que nous sommes, le voulez-vous?

Tous deux levèrent la tête; ils la regardèrent avec un nouvel effroi, prévoyant quelques révélations plus infâmes que les précédentes.

Elle ajouta sans sourciller :

— Oublions nos vieilles rancunes, nos anciennes inimitiés; à seize ans de date redevenons ce que nous étions dans notre première jeunesse. Alors nous avions des illusions que les années ont moissonnées, que nos erreurs et nos fautes communes, surtout, nous ont malheureusement fait perdre.

— Pour ma part, fit avec joie Bouillé, à qui une idée survint, afin de prendre la comtesse à son propre piége, j'accepte toute cessation d'hostilité, à la condition que vous allez nous révéler à l'instant l'origine de la jeune fille que Jean, l'ancien garde chasse de Saint-Maxent, m'a prié de recueillir chez moi, en m'avouant qu'elle était la victime de votre haine infernale.

— Je maintiens, en ce qui me concerne, la parole

de mon cousin, à la condition qu'il vous a imposée ; oui, quelle est cette jeune fille ? d'où vient-elle ? demanda également Saint-Sernay.

— Quelle jeune fille ? interrogea la comtesse d'un air très-étonné.

— L'apprentie de Quinet, chassée sous vos investigations, sans doute, de toutes les maisons où elle avait été recueillie ?

A ces pressantes questions, la comtesse baissa les yeux. Elle parut se recueillir avant de répondre ; puis elle dit au milieu d'un profond silence :

— Dans votre intérêt, pour la bonne harmonie qui règne en ce moment entre nous, mes chers parents, vous avez tort de me demander le secret de la naissance de la fille Francine.

— Nous le voulons !

— Nous l'exigeons ! reprirent ensemble Saint-Sernay et Bouillé.

— Alors, répliqua la comtesse avec un sourire mystérieux et perfide, je donnerai à votre désir une satisfaction, sinon complète, du moins suffisante. Mais, auparavant, je demanderai au comte de Bouillé, s'il est réellement bien désireux de faire connaissance avec la prison de Sainte-Pélagie ; au marquis de Saint-Sernay, si l'attrait des voyages est pour lui si puissant qu'il ait encore, envie de retourner à l'étranger ; car j'ai idée que, lorsque j'aurai donné satisfaction à votre ardente curiosité, vous serez heureux, l'un d'être incarcéré, l'autre de recommencer à parcourir notre pauvre planète.

— Au nom du ciel, ne nous faites pas languir, expliquez-vous, exclama Bouillé.

— Point d'énigmes, point de périphrases, parlez nettement, dites-nous enfin la vérité, s'écria Saint-Sernay.

— Je vois avec plaisir, répliqua lentement la comtesse, que vous êtes aussi parfaitement d'accord aujourd'hui qu'au jour où le marquis épousait ma rivale, sa belle cousine Henriette de Saint-Maxent, la maîtresse de Bouillé !

A ce sanglant outrage, Saint-Sernay bondit comme un tigre prêt à s'élancer sur sa proie.

Bouillé eut le vertige.

La comtesse, pour mieux observer l'effet de ses paroles s'était arrêtée en se composant un visage placide.

— Oh ! exclama Saint-Sernay, qui s'avança contre elle : Démon, satan que tu es ! viendras-tu toujours raviver la blessure du passé, retourner dans la plaie le poignard que tu m'as enfoncé dans le cœur ! Eh bien, le sort en est jeté ! finissons-en une fois pour toutes. Voyons, acheva le marquis, en se tournant du côté de Bouillé, les traits horriblement contractés, voyons comte, si le sang de nos aïeux n'est pas glacé jusqu'à la dernière goutte dans tes veines ? Si tu n'es pas un lâche, prouve sur l'heure que l'accusation d'adultère que cette femme a portée, la première contre toi, contre Henriette de Saint-Maxent, est une abominable calomnie; prouve cela où je te tue!

— Sur ce que nous avons de plus sacré, sur le souvenir de nos mères, sur l'honneur de nos aïeux, dit simplement Bouillé, je le jure! Saint-Sernay, cette femme a menti!

— Je vous attendais-là, mes beaux cousins, ricana la comtesse, avec un accent plein d'une joie féroce.

Puis, tirant de sa poitrine un médaillon, elle le plaça sous les yeux de Saint-Sernay, en disant:

— Regarde ce portrait, marquis?

Bouillé recula épouvanté; il venait de reconnaître le médaillon qu'il avait laissé, quelques heures auparavant, sur son bureau, à son appartement de la rue du Mont-Blanc, et dans lequel il avait cherché en vain un papier prouvant l'innocence de la marquise.

— Tu le vois, continua-t-elle, malgré l'air menaçant de Saint-Sernay, malgré l'accablement de Bouillé : Tu le vois, cette admirable beauté, si chaste d'expression, si candide de pureté, c'était ta femme! et ce médaillon d'or, entouré de brillants, c'est toi qui en a fait cadeau à ta fidèle épouse. C'est chez lui, rue du Mont-Blanc, que je l'ai trouvé ce matin même?

Et parodiant Bouillé, elle termina :

— Sur ce que nous avons de plus sacré, sur le souvenir de nos mères, sur l'honneur de nos aïeux, je le jure, j'ai dit la vérité.

— Oh! l'infâme! s'écria le comte.

Sans proférer une parole, Saint-Sernay s'était emparé du portrait qu'il regardait avec la fixité d'un homme en démence.

— Un mot encore, marquis, ajouta-t-elle en lui prenant le bras avec force pour l'arracher à la torpeur qu'il éprouvait.

— Mais vous n'avez donc pas fini de me torturer? fit celui-ci, sortant de son mutisme, avec l'explosion d'une sourde colère.

— Non! reprit la comtesse d'une voix retentissante et regardant Bouillé, pâle, la face convulsée, chancelant comme le condamné qu'on va livrer aux supplices; non, car il reste à apprendre le plus curieux de l'histoire, c'est que la jeune fille que vous avez protégée depuis hier, avec tant de sollicitude, avait bien droit à votre protection, puisque vous pouvez, tous deux, vous en dire le père!

— C'en est trop!... Meurs donc, Bouillé, meurs donc sous l'arrêt prononcé par cette femme!

Saint-Sernay s'élança sur un meuble où il avait vu un pistolet de poche, placé plutôt là comme ornement que comme une arme offensive. Il s'empara de l'arme et coucha en joue son cousin.

Bouillé resta immobile, au comble de la stupéfaction, écrasé sous les preuves accumulées par la comtesse.

Au moment où celle-ci ouvrait la porte pour laisser s'accomplir son œuvre infernale, une autre femme parut sur le seuil. Elle fit entendre des éclats de rire, au moins forts étranges dans la scène de deuil et de rage qui se passait entre les trois cousins.

X

BAMBOCHE

— Bien joué, mes gentilshommes! bravo la traître! C'est parfait comme dans une scène finale de troisième acte; mais il manquait un quatrième rôle : celui de la soubrette, l'ange gardien de la vertu persécutée? Me voilà, moi, Bamboche!

Celle qui venait de prononcer ces paroles riait aux éclats en se précipitant, comme une avalanche, au milieu du salon.

C'était, en effet, l'ancienne maîtresse de Bouillé.

Tout en se tordant de rire, la courageuse enfant

s'était placée entre Bouillé tenu en joue par Saint-Sernay qui, rencontrant l'actrice au bout de son pistolet, s'empressa d'abaisser le bras après avoir retiré son doigt de la détente.

Une seconde de plus, s'en était fait de Bouillé.

La comtesse, à l'arrivée de l'actrice, s'était retirée avec colère.

D'un air dédaigneux, elle demanda à ses cousins :

— Quelle est cette femme et que vient-elle faire ?

— Ne vous l'ai-je pas dit. Poursuivre le crime, répondit très-sérieusement, mademoiselle Bamboche.

— Je ne comprends pas! répliqua la comtesse, toisant des pieds à la tête la jeune artiste qui, depuis une heure, revenue du bois de Boulogne, vêtue en amazone, fit siffler sa cravache devant la grande dame, dont l'indignation succéda au dédain.

— Alors, reprit Bamboche, tenant sa cravache par les deux bouts et piétinnant d'impatience, alors c'est que vous faites tort à votre intelligence, comtesse.

Et la maline comédienne la regarda bien en face ; et après avoir jeté sa cravache, elle lui fit, ce qu'on appelle vulgairement, en terme de faubourg, un pied de nez.

Les deux cousins la laissèrent faire.

La grande dame se décida à faire appel à leur protection.

— Est-ce que vous allez longtemps, messieurs, me laisser insulter par cette fille ?

— Vous vouliez bien les laisser se tuer entre eux, vous ? ce qui était bien moins charitable ! se hâta de répondre l'actrice pour les deux cousins. Pourquoi ? parce que l'un ressemble trop à l'autre et que ça vous gêne ? Mais comme celui qui vous gêne a été mon amant, je dois le défendre, contre celui qui ne tient guère à être pour vous ce que Bouillé fût pour moi ?

Bamboche reprit et fit de nouveau siffler sa cravache.

— Insolente ! exclama la comtesse plus irritée du silence de ses parents que des injures de l'actrice.

— J'aime mieux être insolente et grossière que... criminelle, riposta la comédienne.

— Ah ! messieurs, s'écria la comtesse, à bout d'outrages, ferez-vous toujours insulter votre parente par une semblable créature ?

Ni Saint-Sernay, ni Bouillé ne répondirent.

Le premier, les yeux fixés sur le meuble où il avait replacé le pistolet, regardait cette arme avec une obstination voisine de la rage. Le second restait absorbé par les dernières paroles de la comtesse, avant l'arrivée de l'actrice.

Tous les deux considéraient comme un châtiment

légitime, les singulières sorties de la comédienne.

Celle-ci, devant l'attitude des deux cousins, comprit qu'elle pouvait tout oser contre cette femme; Bamboche continua d'un ton enjoué;

— Mais ces messieurs ont raison de se taire, sans cela, je les sifflerais. Ne faut-il pas que je confonde jusqu'au bout la traîtrise ? N'est-ce pas dans mon emploi ? Ah ! par exemple, ici, je n'ai qu'à demi réussi : car la jeune première, l'enfant perdue, l'orpheline abandonnée est de nouveau entre les mains de ses persécuteurs ! Il est vrai que nous ne sommes qu'au troisième acte ?

— Comment Francine ? cette jeune fille que j'ai recueillie, à qui je parlais tout à l'heure... interrogea Bouillé sortant brusquement de sa méditation.

— N'est plus chez vous, depuis vingt-cinq minutes, mon beau céladon ! répliqua l'actrice d'un geste de défi, avec une joie satisfaite qui témoignait de la profonde jalousie que Francine lui inspirait.

— Et qui l'emmène ? demanda Saint-Sernay aussi inquiet que Bouillé.

— Les mêmes saltimbanques, répondit la comédienne, les mêmes qui, depuis trois jours, ne l'ont pas perdue de vue par les ordres de madame la comtesse, ayant autant d'intérêt que moi, mais dans un autre but, à la voir loin de cette maison.

La comtesse ne put retenir un mouvement de satisfaction.

Elle parut d'autant plus heureuse qu'une douleur subite, à cette nouvelle, se peignit en même temps sur les traits de ses parents.

La comtesse, qui s'était reculée près de la porte, leur cria, avant de l'ouvrir :

— Comte de Bouillé, marquis de Saint-Sernay, vous me forcez à devenir impitoyable; vous sentirez bientôt les effets de ma vengeance.

— Comtesse, lui répliqua l'actrice en la reconduisant, cela se dit tous les soirs dans les drames de Pixéricourt et de Benjamin Antier.

Pendant la sortie de la comtesse, suivie par Bamboche, Saint-Sernay dit à voix basse à Bouillé :

— Je vous attends, demain, à mon hôtel de la rue du Helder.

— Demain matin, je vous enverrai mes témoins.

Le marquis salua froidement le comte. Il s'éloigna en toute hâte pour apprendre, par son fidèle Korantin, où l'on avait entraîné Francine.

Bouillé, non plus, ne pouvait rester en place depuis que Bamboche lui avait appris l'enlèvement de sa protégée.

A son tour, il voulut sortir du salon.

Bamboche, revenant du vestibule, après y avoir vu partir Saint-Sernay et la comtesse, ne laissa pas passer Bouillé.

Debout sur le seuil, elle lui présenta une lettre, en lui récitant d'une façon comique :

« Une lettre,
« Qu'entre vos mains, Bouillé, l'on m'a dit de remettre. »

Il ouvrit la lettre avec précipitation; elle était de Francine et contenait ces mots :

« Monsieur,

« J'ai tout entendu; l'entretien que vous avez eu avec votre cousin et cette comtesse me prouve encore que je suis partout une cause de deuil. Je ne dois pas vous punir de votre généreuse hospitalité, c'est ce qui me décide à suivre les seuls protecteurs que me donnent les gens mystérieux, intéressés à ma disparition.

« Au nom de votre repos, de votre honneur, de votre vie, peut-être, vous, pas plus que Jean, ne cherchez à revoir celle qui restera éternellement votre obligée.

« FRANCINE. »

— Oh! je l'arracherai bien, malgré elle, des mains de ces misérables, s'écria Bouillé avec une explosion de rage qui brisa le cœur de Bamboche; mais elle se contint.

Quand il voulut s'élancer vers la porte, toujours gardée par l'actrice, elle lui dit :

— Avant de songer à délivrer la beauté, mon petit, vous devriez penser à vous délivrer vous-même des griffes des gardes du commerce.

— Hein! comment, tu sais... répliqua Bouillé, tout interdit devant l'actrice occupée à rouler tranquillement une cigarette.

— Ce que personne n'ignore de la rue du Mont-Blanc à la rue de Valois, grâce aux aimables papiers roses affichés par le tribunal de commerce. Un pas de plus, mon cher, et la rue de Valois, gardée par les recors, va devenir pour vous la route de Sainte-Pélagie.

— Oh! fatalité! exclama Bouillé, ne songeant qu'à Francine, ne comprenant que trop son impuissance à la protéger, à la défendre.

Bamboche ne voulait pas éclater en reproches; pour dissimuler sa douleur et ses larmes, elle s'installa cavalièrement sur une chaise, et s'écria, avec un laisser-aller tout à fait théâtral :

« Prends un siége, Cinna, c'est moi qui t'en convie. »

Puis, après avoir déclamé avec emphase, elle ajouta d'un ton impératif, sa cigarette à la bouche :

— Fais-moi passer du feu, avec quelques verres de *gin*; j'ai besoin de me monter la tête pour nous déchirer mutuellement le cœur.

— En effet, répliqua Bouillé, d'un faux air d'insouciance, tu as à m'apprendre des choses terribles.

— Désolantes, renversantes, épatantes! répliqua l'artiste, entre trois bouffées de fumée.

— Alors, je prends un fauteuil, répondit Bouillé s'asseyant avec résignation.

Quand le domestique eut placé le gin sur un guéridon, et qu'il se fut retiré, il continua :

— D'abord tu vas me dire comment la lettre de mademoiselle Francine se trouve entre tes mains?

— Par une raison fort simple, parce que c'est moi qui lui ai conseillé de t'écrire.

— Tu la connais donc?

— Un peu; nous avons été apprenties ensemble chez Quinet, le bijoutier de la rue du Temple, le régisseur à *notre* oncle, avant que ma vocation ne me poussât dans la noble carrière des arts.

Bamboche avala d'un trait son verre de gin.

Bouillé lui demanda avec une nouvelle surprise :

— Mais comment as-tu pu pénétrer jusqu'à elle chez moi?

— Tu ne te souviens donc pas que la dernière fois que nous nous sommes vus, tu as oublié de me redemander la clé de ton manoir et que :

Nourri dans le sérail, j'en connais les détours.

— Or, au moment, continua-t-elle, en allongeant la jambe et chassant devant elle une longue spirale de fumée; au moment où ta comtesse de malheur pénétrait par la porte de la rue, ouverte au public, moi je passais par la porte du jardin, par la porte des artistes, voilà!

— C'est à dire que tu violais mon domicile?

— Non, j'en abusais, monstre, comme vous avez abusé autrefois de mon innocence.

Bouillé fit un mouvement qui, en toute autre occasion, eût pu paraître très-bouffon.

Elle continua :

— Et c'est par ici, elle montra la porte vis-à-vis de celle du vestibule, que j'ai surpris Francine qui, quoique un ange, est restée femme ! et c'est derrière cette porte que j'ai surpris ton ange, écoutant ton entretien entre vous trois ; aimable entretien, suivi d'explosions d'injures, et terminé par une menace de casse-tête. Ah ! vous faites de singuliers parents ; je n'en retiens pas la graine !

Bamboche jeta d'un air de mépris, le restant de sa cigarette.

Bouillé, froissé, lui répliqua :

— Ainsi vous m'espionnez ; je comprends bien l'intérêt de Francine à surprendre notre entretien, mais le tien où est-il ?

— Mon petit, lui répondit-elle avec chaleur, mon intérêt est immense ; d'abord je suis horriblement jalouse de Francine, dont tu n'es pas plus le père que le grand turc. Tu l'adores comme un amant, voilà tout ; ça me vexe. Il y a quinze ans, je le devine, tu as aimé la mère de la petite d'un amour platonique ; aujourd'hui tu veux aimer sa fille, comme l'on aime à trente-cinq ans et non à vingt. Vois-tu, continua Bamboche, vidant un troisième verre de gin, et rallumant une troisième cigarette, si tu étais réellement le père de Francine, tu ne la regarderais pas en allumeur de lanternes. La voix, le cri du sang, comme disent nos crétins d'auteur, aurait parlé, puisqu'il paraît que le sang parle ? Or, c'est précisément parce que moi, je ne veux pas que tu aimes mon ancienne camarade, mon amie, que je lui ai conseillé de t'écrire cette lettre, une fois l'entretien terminé entre vous et ta canaille de comtesse.

— Mais, malheureuse, tu as perdu Francine ! s'écria Bouillé avec colère.

— Avec ça que tu la sauvais, en la conduisant dans cette petite maison, qui, une fois qu'on y est entré, vous affiche une vertu au point de la mettre au rang des biches de l'ancien Parc-au-Cerf ?

— Encore, fallait-il m'avertir, insista-t-il.

— M'as-tu seulement répondu, lui répliqua-t-elle, quand je t'ai écrit hier, à la suite de ton abandon ? m'as-tu prévenu même quand tu m'as quittée, sans tambour ni clairon ? Crois-tu, tout en te servant, que je n'aie pas le droit de me venger, moi, qui, innocemment, à la suite de mes premiers succès, ai cru que tu me revenais quand ton grédin de cousin, ton second toi-même, me faisait à son tour des propositions malhonnêtes, quand je l'embrassais, lui, croyant te tenir encore entre mes bras, monstre que tu es ?

— Ah ! Saint-Sernay t'aime ? fit Bouillé avec malice. Eh bien! tant mieux! il est riche, au moins celui-là.

— Merci! répliqua Bamboche froissée.

Et, changeant de ton, elle ajouta :

— Vois-tu, mon petit, tu ne me connaîtras jamais ; mais, moi, je te connais, quoique tu en dises; tu es le chevalier le plus aimable du monde, tout à fait grand seigneur, véritable régence, un homme *chic*. Depuis six mois que nous avons descendu ensemble le fleuve de la Vie, tu m'as fait nager dans le Pactole, tu m'as mis dans le velours, l'or et la soie ; et je puis me vanter de m'être truffée à bouche que veux-tu. Aussi je dois te sauver.

— Oui, et tu commences par perdre celle que j'aime le plus au monde, s'écria Bouillé, qui commençait à s'impatienter des paroles de l'actrice.

Celle-ci continua :

— Ça, c'est mon droit et mon secret. D'abord, il faut que tu saches que j'ai pris un nouvel amant.

— Toujours pour me sauver? lui dit Bouillé ironiquement, ce qui blessa de plus en plus Bamboche.

— Un peu! Vois-tu, mon petit, j'ai besoin d'un amant qui me fasse de la réclame, un amant qui soit l'ami des journalistes, des auteurs, et qui soigne mes succès.

— Cela te regarde et me concerne fort peu! répliqua-t-il en haussant les épaules.

— Merci encore! fit-elle en se pinçant les lèvres.

Ainsi cela t'est égal que j'aie eu hier, à la Gaîté, un succès pyramidal; trois rappels, rien que cela, et une avalanche de bouquets. Ah! si les lorgnettes usaient les maillots, le mien aurait eu de singuliers accrocs à cette première représentation.

— Mademoiselle, répliqua Bouillé poussé à bout, vous oubliez que je ne suis pas l'amant qui soigne vos succès et qui prépare vos réclames, moi?

— C'est juste; quoique cet amant là je l'aie pris encore pour vous, ingrat!

— Explique-toi une bonne fois, et finissons-en?

— Voilà, continua Bamboche en fumant une quatrième cigarette, et sur un ton solennel : Saches donc que tu as, comme ton cousin, une bande d'ennemis acharnés après toi, dirigée par ton aimable comtesse.

— Je m'en doutais! répondit-il d'un air songeur.

— Et que si tu dois des sommes énormes à madame Gros-Gaillard, une marchande à la toilette qui nous fournit pour trente francs ce qu'elle te donne à toi pour cent écus, c'est encore à ta charitable parente que tu en es redevable.

— Comment sais-tu cela?

— Comme tu devrais le savoir toi-même, si tu étais moins aveugle; la Gros-Gaillard n'a-t-elle pas été autrefois à votre service comme elle l'est toujours au profit de la comtesse? Ne vient-elle pas de l'avouer elle-même, cette grande dame? Et lorsque les huissiers saisissaient ton mobilier de la rue du Mont-Blanc, cette saisie ne se faisait-elle pas en sa présence? N'est-elle pas venue ici avec des gardes du commerce pour te conduire à Sainte-Pélagie; hier, elle rêvait ta ruine; aujourd'hui elle rêve ta mort. Mais elle n'atteindra pas son but; j'ai pris sur moi de l'empêpêcher; oui, moi!

— Toi et le nouvel amant que tu as choisi pour me sauver? interrogea-t-il ironiquement.

— Sans doute, répondit-elle, puisqu'il s'appelle monsieur Quinet.

— Hein! Quinet? le regisseur des carrières d'Amérique, le bijoutier de la rue de Temple? exclama Bouillé très-suffoqué.

— Lui-même, mon petit, dit Bamboche en jouant avec sa cravache; il est fou de moi, par vanité, depuis mon dernier succès. Il m'a promis de me livrer tous les secrets de la comtesse, de m'apprendre tout ce qui se rapporte à Francine, mon ancienne camarade, pour qui vous m'avez délaissée; et que je vous permets bien de sauver, mais non d'aimer.

— Oui, et tu commences, toi, par la livrer à ses ennemis?

— Ça, c'est mon premier secret, en attendant que j'en sache d'autres contre Quinet et ses honorables complices.

Ils en étaient là de leur entretien, qui, pour Bouillé, commençait à avoir un intérêt très-vif, lorsque la porte du salon s'ouvrit. Le domestique annonça que des personnes demandaient à entretenir le comte d'une chose urgente.

— Quels sont ces importuns? demanda Bouillé d'un ton de mauvaise humeur.

— Ils disent être envoyés par monsieur Jean. Comme ils ont d'assez mauvaises mines, je n'ai pas voulu les laisser monter sans prévenir monsieur le comte ; ils sont restés à l'entrée du péristyle.

Bouillé réfléchit un instant; mais, au nom de Jean, il s'imagina que ce pouvait être le croque-mort ou ses camarades qui venaient sans doute lui donner des nouvelles de Francine. Alors il s'élança hors du salon, descendit rapidement l'escalier.

Bamboche, elle, devina que c'était une ruse inventée par les gardes du commerce soudoyés par la comtess. Eelle jeta sa cigarette, renversa le guéridon sur lequel se trouvait le flacon de gin, courut à la suite de Bouillé en criant :

— Mon petit, n'y va pas !

Déjà le comte était sous le péristile; l'un des hommes qui l'attendaient, armés de cannes à épée, lui mit la main au collet, en disant :

« Au nom de la loi, je vous arrête. »

L'autre vint se placer devant Bamboche; il la repoussa avec force.

Celle-ci lui cingla un vigoureux coup de cravache en pleine figure; elle se préparait à redoubler, lorsque deux autres recors vinrent prêter main-forte au premier garde, et firent monter Bouillé dans un fiacre stationnant devant la porte.

Le cocher fouetta ses chevaux; la voiture partit, entraînant le comte du côté de Sainte-Pélagie.

A une petite distance de la maison du comte, une femme voilée montait, en même temps, dans un superbe landau, dont un domestique, en livrée bleu et argent, venait de lui ouvrir la portière.

Cette femme, c'était la comtesse de Bouillé; elle avait voulu présider à l'arrestation de son cousin, afin d'être bien certaine de l'avoir réduit à l'impuissance d'agir en faveur de Francine.

Malgré l'épaisseur de son voile et la promptitude avec laquelle elle s'élança dans son équipage, Bamboche l'aperçut. La voyant partir avec toute la vélocité de deux superbes étalons anglais, elle ne put s'empêcher de dire :

— Tu triomphes aujourd'hui, vipère, mais demain je t'écraserai sous mon pied.

XI

LA MAISON DE LA TRUIE QUI PÊCHE

Jean était de nouveau au pouvoir des ennemis de la famille des Fitz-Merald.

Nous avons appris comment, après avoir conduit Francine à la petite maison du comte de Bouillé, Jean avait été enlevé par les hommes de la bande du Protée.

La veille des événements qui avaient eu lieu entre Saint-Sernay, Bouillé, la comtesse et Bamboche, Jean, ainsi que l'avait annoncé Korantin, avait été traîné dans un fiacre par les hommes d'Issakar, conduit ensuite à la maison de *la Truie qui pêche.*

C'était une maison isolée, située sur les bords du canal, aux confins des buttes de Belleville, et regardant la barrière de Pantin.

A cette époque, cet endroit était presque désert : de chétives et honteuses baraques cachaient à peine les dernières pentes des Buttes-Chaumont s'étendant jusqu'au quai.

La petite maison de *la Truie qui pêche,* ancien débit de vin, ancienne maison de plaisirs, alors fermée au passant, ne trompait personne par sa façade louche et son odieuse solitude.

L'auberge de *la Truie qui pêche,* depuis qu'elle ne recevait plus de clients, avait été surnommée : *La Petite Tour de Nesle.*

Souvent, entre onze heures et minuit, on avait vu des femmes voilées entrer dans ce coupe-gorge, suivies de plusieurs individus qui n'avaient pas plus reparu que les femmes.

Ce mystère avait été dévoilé en partie à la police par l'ancien propriétaire de l'auberge, un *mouton* qui avait payé cher cette révélation.

Vendu à son tour par un des siens, ce délateur avait été massacré par les bandits d'Amérique dans un de leurs repaires; c'était son cadavre que l'on a vu étendu sur le tiroir du billard du café du boulevard du Temple, avant qu'il retournât aux carrières avec le jeune Bigorneau, et que Jean devait retrouver bientôt aux mêmes souterrains.

Ainsi que l'auberge du *Père Sournois*, appartenant à un plâtrier de la bande du Protée, la maison de *la Truie qui pêche*, achetée récemment par madame Gros-Gaillard, donnait dans ces souterrains dont nous avons déjà parlé au début de cette histoire.

Avant le guet-apens du fils Bigorneau, au café des *Trois-Billards*, et l'enlèvement de Jean, les caves de *la Truie qui pêche* n'avaient servi qu'à recevoir les objets volés au boulevard.

Mais, depuis ce double enlèvement, les cabarets à l'enseigne du *Père Sournois*, du côté de la route d'Allemagne, à l'enseigne de *la Truie qui pêche*, du côté du canal, étaient devenus tout à fait dignes de leur réputation.

Leurs antres mystérieux cachaient alors deux victimes : Jean et Bigorneau ; puis un mort, le mouton de la bande du Protée.

L'auberge de la *Truie qui pêche* était composée de trois salles.

La salle du devant était une pièce exiguë, dont le comptoir de marchand de vins occupait la majeure partie.

Elle n'avait ni siéges, ni tables ; on ne pouvait s'y reposer, ni demeurer longtemps.

Une autre pièce, formant un appendice au principal bâtiment, ayant une issue sur un jardin, avec bancs, tables, berceaux, avait servi autrefois à recevoir les mariniers aux heures des repas.

Dans le fond de la maison se trouvait une sorte de salon, meublé avec assez d'élégance; il avait été *composé* par la femme du propriétaire de cet établissement, alors que cette maison avait été un instant un temple du plaisir.

Son *salon* recevait parfois, de onze heures à minuit, les hommes des carrières qui apportaient des marchandises destinées à être passées en fraude, ou y déposaient les objets volés dans l'intérieur de Paris.

Les portes de cette chambre étaient hermétiquement closes au moyen de tambours placés à l'intérieur, et masqués par une épaisse portière en velours.

L'une de ces portes débouchait sur les buttes; elle était fermée par une serrure à secret, dont la comtesse avait une double clé et qui lui servait lorsqu'elle venait en conciliabule avec Valeda, à la *Truie qui pêche*, comme nous l'avons vue se rendre au *Père Sournois*, pour s'entendre avec Quinet.

C'était dans le salon de cette taverne qu'avaient été ourdies la plupart des trames criminelles par lesquelles s'étaient trouvées enveloppées les personnes que la comtesse voulait perdre.

Valeda était devenue, par la force des choses, à l'exemple de Quinet, autant la complice que la servante de la comtesse de Bouillé; mais, ainsi que

Quinet, Valeda avait un autre maître bien plus sérieux : le Protée.

A la suite de l'arrestation de Bouillé, un événement singulier avait ému l'Indienne et la comtesse.

Protée leur avait écrit « qu'il les abandonnait pour toujours, las de la lutte qu'il avait inutilement engagée depuis vingt ans, avec des ennemis plus puissants que lui. »

Si Valeda avait compris le but de cette détermination, la comtesse, dans son orgueil, n'avait vu qu'un auxiliaire qui s'avouait impuissant à marcher de pair avec elle.

Elle se félicita de cette retraite du Protée, tout en se promettant bien de s'assurer si ce n'était pas là une feinte de la part de cet auxiliaire ou de cet ennemi.

Alors elle poursuivit ses projets ambitieux, allant toujours de crime en crime. De nouveau elle se rapprocha de Valeda, malgré sa récente trahison au profit de Jean, en attendant le moment de perdre celle qui connaissait les secrets de sa vie.

Ces deux femmes, alliées en apparence, se suspectaient de plus en plus; la comtesse, pour sa part, avait raison de se défier de Valeda, qui, de son côté, ne se gênait pas pour travailler isolément à sa fortune et s'assurer l'impunité.

Dernièrement encore, lorsque madame de Bouillé

avait dérobé chez le comte le médaillon-portrait de la marquise, Valeda lui avait refusé de lui remettre la lettre de sa cousine, accompagnant naguère ce médaillon et que la Gros-Gaillard avait en sa possession, grâce à des circonstances que nous apprendrons plus tard.

Quoique Valeda eût ainsi rompu de nouveau en visière avec la comtesse, celle-ci, par prudence, ne s'était pas brouillée avec elle, bien au contraire; une fois certaine de la disparition de Francine, de l'incarcération de Bouillé, de la captivité de Jean, elle avait donné de nouvelles instructions à sa complice.

Le jour de l'arrestation de Bouillé, vers dix heures du soir, Valeda se rendait à la *Truie qui pêche,* sur la volonté de la comtesse, après s'y être fait précéder de Tamerlan le *Marqueur*.

En arrivant, la Gros-Gaillard trouva dans l'auberge Tamerlan, qui, après elle, poussa tous les verroux intérieurs de la porte d'entrée.

Il était dans le salon, en train de charger la table de provisions de bouche ; il recommença le même exercice pendant que la Gros-Gaillard se débarrassa de son chapeau, de son châle, montrant ses épaules, sa poitrine, que sa robe laissait à nu comme si elle devait assister à un bal.

L'Indienne, après avoir jeté un complaisant coup d'œil dans une glace, dit au Marqueur :

— Prends une bouteille de madère que tu vas boire.

— Si ça peut vous être agréable ça ne me sera pas nuisible, répliqua Tamerlan, qui, depuis le commencement de son emploi, dévorait la table des yeux. Je crois même qu'une croûte *avec* fera trouver le *picton* meilleur.

— Tu peux manger une tranche de ce pâté de foie gras, si tu le désires, ajouta Gros-Gaillard, qui, contre sa coutume, recommença à se mirer, pendant que Tamerlan se hâta de profiter de la permission.

En quittant la glace, elle lui demanda :

— Il y a longtemps que tu fais partie de la bande?

— Cette frime, répliqua-t-il entre deux bouchées, vous le savez bien; j'étais de l'affaire de 1820 ? C'est moi qui ai donné le compte au *Renard des Carrières*, le père du moutard qui moisit dessous avec Jean?

Il désigna de son couteau le parquet du salon dont les caves donnaient sur les carrières.

— Alors, fit Valeda, qui recommença à se mirer pour ne pas avoir l'air d'attacher trop d'importance aux odieux états de service du bandit. Alors tu dois avoir amassé pas mal d'argent.

— Peuh! pas un rouge liard? Faut pas croire qu'on nage en pleine monnaie avec Gros-Gaillard; il est large des épaules, voilà tout, votre mari ! Quand il nous a mis dans la main deux ou trois *roues de derrière,* il se figure qu'il nous a donné le Pérou !

— Peut-être les services que tu rends ne méritent-ils pas d'être mieux payés ?

— Comment, les services ! exclama Tamerlan. Mais je fais ce qu'il veut ; je n'ai jamais reculé devant rien ; n'est-ce pas moi qui ai jeté le Bigorneau dans la cave du Café des Trois-Billards, qui l'ai transporté ici avec ce Jean de malheur ?... Eh bien, hier encore, qu'est-ce que votre mari m'a donné pour ce dernier travail ?

— Cent francs ? demanda la Gros-Gaillard qui, en véritable marchande, préparait le terrain pour un nouveau marché criminel.

— Cent francs ! riposta Tamerlan, vous voulez rire, ce n'est pas à moi qu'on donne du papier en pelure d'oignon ? A Issakar, à la bonne heure, un chef d'escouades, un homme à paillettes !... Mais à moi, le second d'un marchand de billets, un claqueur, un contre-marqueur, *vingt balles,* c'est assez bon !

— Et si je te donnais vingt-cinq louis, que ferais-tu !

— Tout ce que vous voudriez ?

— Même un meurtre.

— Même un meurtre ! excepté de tuer un enfant.

— Pourquoi ?

— Parce que, voyez-vous, depuis l'affaire d'Amérique j'ai été capon avec la petite qui est enfin rentrée chez Issakar... Parce que, c'est bête ce que je vais dire : j'aime encore et davantage les enfants depuis que j'en ai un de quatre ans et demi... Vrai, là, mon bras refuserait de fonctionner.

— Mais s'il s'agissait d'un vieillard, reprit Valeda, qui ne put s'empêcher de hausser les épaules en pensant aux scrupules de Tamerlan.

— Oh! je n'hésiterais pas ; un vieux, ça doit toujours avoir assez vécu.

— Surtout si ce vieillard s'appelle Jean? continua Valeda, le regardant singulièrement.

— Ah! parbleu, vous ne pouviez mieux vous adresser ; cette fois on ne me le fera pas manquer, comme il y a quinze ans, ce cafard à qui nous devons nos tribulations.

— Es-tu bon chasseur?

— Je n'en sais rien ; mais s'il s'agit de loger une balle dans le vieux crâne à Jean, je puis affirmer que je ne manquerai pas mon homme.

— Regarde alors dans le divan, il y a une arme.

Tamerlan ouvrit le meuble.

Il en tira un fusil d'une construction singulière.

La crosse était en métal ; elle renfermait un réservoir dans lequel, à l'aide d'une pompe foulante, on avait comprimé l'air, retenu captif par une soupape.

Le canon contenait une balle de plomb, portait

une détente à ressort qui, en s'abattant, pressait la soupape de manière à ce que l'air, s'échappant violemment, chassait le projectile, sans détonation, avec autant de force que la poudre. C'était un fusil à vent.

— C'est une arme à feu, ça? demanda Tamerlan, après l'avoir examiné avec curiosité.

— Non, répondit Valeda, c'est un fusil qui tue sans bruit.

— Il est chargé? questionna le bandit.

— Oui, et tu vas en faire usage.

— *Où ça?*

— Ici même.

— Mais je ne vois personne à tuer.

— Attends! reprit la marchande du Temple. Regarde cette portière.

— Laquelle?

— Celle qui est à gauche. Tu te cacheras derrière, afin de voir tout ce qui se passera dans la chambre, sans être vu toi-même? Quand je porterai la main à mon front, tu ajusteras à la tempe Jean qui sera avec moi, à cette table; et quand je dirai : Marche! tu lâcheras la détente de ton arme.

— Après ça, je pourrai m'en aller?

— Oui, quand tu auras reporté le cadavre dans le souterrain.

— Et qui me paiera?

— Voilà cinq cents francs en or.

— Accepté ! dit le bandit en les mettant dans sa poche ; faites venir le croque-mort.

— C'est toi qui vas lui donner les moyens de se rendre ici.

— Comment cela ?

— Viens à la cave, je te l'expliquerai.

— Je vous suis.

Ils prirent une lumière dans chaque main et sortirent par la portière de gauche qui donnait sur une galerie couverte ; il fallait descendre vingt marches avant d'arriver à la cave.

Une fois descendue avec Tamerlan, la Gros-Gaillard eut un sourire sinistre.

Elle ouvrit une armoire à liqueurs, en retira trois rayons, fit jouer la planche mobile, montra un long couloir obscur qui conduisait aux chambres souterraines ; elle donna au bandit les instructions.

— Tu vas glisser sans bruit dans ce passage ; une grille de fer se trouvera en face de toi ; tu l'ouvriras avec cette clé. Ensuite tu franchiras un autre conduit et tu verras une porte élevée, solidement retenue par une serrure et des verroux ; c'est là que tu rencontreras Jean. Ne vas pas plus loin, car tu te trouverais au caveau où est retenu le fils Bigorneau.

— Suffit ! et celui-ci me demanderait des explications que je ne tiens pas à lui fournir, répondit le bandit, tout oreilles aux paroles de la Gros-Gaillard, qui continua :

— Au pied de la première grille de fer, comme à la porte du souterrain, tu déposeras un flambeau pour éclairer les passages; puis, tu prendras tes dispositions afin d'ouvrir la porte, de manière à n'être pas vu; enfin, quoi qu'il arrive, tu resteras immobile jusqu'à ce que je vienne te donner de nouveaux ordres.

Sur ces paroles, elle laissa Tamerlan, et, sortant de la cave, elle plaça un flambeau allumé sur la marche inférieure et sur celle du haut de l'escalier.

Rentrée dans le salon, Valeda retroussa la portière, sur une portière fixée au chambranle de la porte, de sorte que, de la première salle, on pouvait voir la cheminée et la table; puis, prenant un fauteuil, elle attendit les événements.

Tamerlan, déterminé à gagner les cinq cents francs, animé par le vin de Madère, qu'il avait bu jusqu'à la dernière goutte, s'avança à pas de loup dans la grotte.

A la suite d'un long passage, il se trouva à la porte du caveau où Jean avait été enterré depuis la sortie de la rue de Valois.

Ce caveau était le *cachot,* celui dont nous avons parlé au premier chapitre, le même qui avait reçu Jean quinze ans auparavant, quand il avait été séparé de Francine, enfant, comme il venait de l'être de Francine, jeune fille.

Le croque-mort avait été porté les yeux bandés dans ce cachot.

A son départ de la rue de Valois, il n'avait pu savoir où on l'avait entraîné, ses persécuteurs lui ayant tenu la bouche bâillonnée, les yeux bandés, les mains et les pieds garrottés.

Dans son oubliette, Jean était parvenu à déchirer de ses dents le bâillon qui lui couvrait la bouche, le bandeau qui lui cachait les yeux.

Par de suprêmes efforts, il avait rompu ses liens, et, avec cette patience du prisonnier, il était enfin arrivé à se rendre libre.

Alors, fouillant dans sa poche, il avait tiré un briquet; à l'aide de la lumière il avait reconnu avec joie le *cachot* où on l'avait relégué jadis; il avait aperçu la même pierre qu'il avait descellée autrefois au bas de la muraille, reliant un autre caveau, situé au-dessus de la seconde masse, de la seconde caverne appelée le *magasin*.

Un rayon d'espoir traversa l'âme de Jean.

Il tâta la pierre autrefois détachée de la muraille; il sentit qu'elle y était à peine scellée.

Il ne fallait que peu d'efforts pour l'en faire sortir encore, et pour recommencer un passage allant de l'un à l'autre cachot.

Mais... des outils?

Jean employa tout un jour à détacher, à l'aide de son couteau, une barre de fer servant de traverse à la porte de sa prison.

A peine l'en eut-il sortie pour s'en faire le levier de son opération, qu'un bruit du dehors parvint à ses oreilles, il reconnut des bruits de pas. C'était Tamerlan qui s'orientait tant bien que mal au bout du long couloir que lui avait désigné la Gros-Gaillard.

Un autre bruit, comme celui d'un soupir étouffé, frappa aussi ses esprits de l'autre côté du cachot.

Alors n'entendant plus rien vers le couloir, Jean voulut se remettre à la besogne, refaire son passage, avec d'autant plus d'ardeur qu'il y en avait peut-être un autre que lui à sauver dans les souterrains?

Mais au même instant la porte de son cachot s'ouvrit doucement, comme d'elle-même.

La porte entr'ouverte laissa rayonner un filet de lumière jusqu'à Jean.

Le croque-mort s'avança tout à coup vers la porte, si mystérieusement ouverte, mais pas avant d'avoir caché sa barre de fer; cela permit à Tamerlan, d'abord blotti derrière la porte, de se dissimuler dans un tonneau vide, oublié à l'extrémité de la galerie.

Jean, au comble de la surprise, ne sut que penser de cette singulière délivrance; après avoir tourné, retourné de la porte à la galerie, de la galerie à la porte, il se décida à profiter de cette chance de salut.

Guidé par la lumière placée au pied de la grille, il arriva jusqu'à la cave. Il franchit l'ouverture masquée par l'armoire à liqueurs. Il parvint au sommet de l'escalier, aussi désireux de connaître son libérateur que de lui demander des secours pour la victime du cachot d'à-côté.

La Gros-Gaillard écouta avec bonheur le bruit des pas de son ancien amant.

Elle se regarda à la glace, rajusta sa coiffure, s'apprêta à apparaître devant le malheureux dans tout l'attirail de ses séductions.

Jean parvint au salon ; il s'avança lentement, ébloui de l'éclat des bougies repercuté par la glace, grisé des senteurs et de la tiédeur de l'air. Arrivé à l'entrée, il jeta un regard dans l'intérieur de la pièce ; l'intensité de la lumière, ce luxe de tentures, cette table délicatement servie, cette femme à demi-vêtue, lui semblèrent comme une vision. Revenu de son étonnement, il se prit à regarder tout à coup la marchande du Temple, et s'écria :

— Valeda ! encore toi, infâme créature, j'aurais dû m'en douter !

Sa rage et sa stupeur, à la suite de ses fatigues, épuisèrent ses forces ; elles ne lui permirent pas d'en dire davantage ; il tomba à demi-évanoui sur un fauteuil.

La femme, quelque déchue qu'elle soit, tient à rester femme : en voyant l'effet que son aspect produisait sur l'homme qui l'avait aimée, sur l'homme entraîné par elle jusqu'au crime, et dont elle préparait le meurtre, la misérable eut un sentiment d'orgueil.

Elle crut que son influence sur ce malheureux était toute puissante, qu'il ne se refuserait pas à se soumettre à sa nouvelle et dernière exigence.

Après s'être empressée de lui faire respirer quelques sels, elle lui répondit, appuyée d'une façon câline contre son fauteuil :

— Ingrat! tu m'accuses, quand je suis venue encore pour te sauver, comme autrefois.

— Pour me sauver! s'exclama Jean, qui reprit à ces mots son énergie, quand, depuis trois jours, des misérables, enrégimentés dans la bande que vous dirigez, ne cessent de me poursuivre avec l'enfant que, grâce au ciel, je suis parvenu à leur arracher; quand, hier, ces bandits m'ont jeté dans le même cachot que vous m'aviez préparé, il y a quinze ans ?

— Le malheur t'égare, Jean, lui répondit-elle d'un air de doux reproche. N'est-ce pas moi, au contraire, qui, il y a quinze ans, t'ai fait évader, comme je le fais, en ce moment.

— Oui, une fois que vous étiez maîtresse de l'enfant du marquis de Saint-Sernay; une fois qu'aveuglé, défiguré, je ne pouvais ni me plaindre, ni me venger !

— Tu sais bien que nous ne nous appartenons pas, Jean, dit-elle avec intention ; qu'il y a au-dessus de nous la comtesse de Bouillé qui nous commande ; au-dessus d'elle, Fitz-Merald, et ce personnage mystérieux qui peut nous perdre tous.

— Oh ! tais-toi ! tais-toi ! s'écria le croque-mort, courbant la tête avec terreur.

— Et n'as-tu pas été au moins imprudent, continua-t-elle quand il y a huit jours, fort de mon aveu dicté par l'affection que j'ai pour toi, tu as voulu rendre à Saint-Sernay son enfant ? Vois ce dont tu es cause aujourd'hui, par ton imprudence ; tes ennemis se sont réveillés plus terribles que jamais, Francine est de nouveau au pouvoir de ses anciens ravisseurs ?

— Ce n'est pas vrai, répliqua Jean, dans une vive inquiétude, ce n'est pas vrai ! Francine est chez le comte de Bouillé, ses ennemis ne sont parvenus à me séparer d'elle qu'une fois qu'elle a été à l'abri de leurs coups.

— Tu te trompes ! lui répondit-elle avec une joie intérieure, car au moment où tu étais emmené dans le fiacre qui te conduisait ici, Issakar enlevait chez Bouillé la jeune fille que le comte ne pouvait plus protéger, menacé lui-même dans sa liberté.

— Oh ! démon !... démon ! s'écria Jean qui se leva

au comble de la rage et de la douleur, voilà pourquoi tu me rendais à la lumière, à la vie, c'était pour mieux me faire souffrir en me montrant toute l'étendue de mon malheur.

— Chut! la douleur t'égare, ingrat!... Mais, ajouta-t-elle, en prêtant l'oreille au dehors, j'ai cru entendre marcher? Avant que je te dise ce qu'il faut faire pour déjouer nos ennemis, souffre, Jean, que je m'assure si nous sommes bien seuls... En attendant, mets-toi à table, tout à l'heure je te tiendrai compagnie.

La Gros-Gaillard quitta le salon. Elle laissa Jean qui n'avait plus qu'une idée, sauver de nouveau Francine, fût-ce au prix d'un nouveau pacte avec cette femme infâme.

L'intention de la Gros-Gaillard était, on l'a deviné, d'aller avertir Tamerlan afin de le préparer à accomplir le meurtre pour lequel il avait reçu son salaire.

En effet, Valeda après avoir quitté Jean, s'empressa de traverser les salles souterraines. Elle alla trouver Tamerlan à son poste, contre la porte du cachot, depuis que celui-ci était sorti de son tonneau, à la suite du départ du croque-mort.

— L'homme est au salon, fit-elle à voix basse.

— Bien! je vais l'expédier.

— Pas avant mon ordre, tu te le rappelles?

— Oui, quand vous mettrez la main à votre front,

je coucherai en joue; au mot : Marche! je lâcherai la détente.

— Très-bien! tu seras probablement forcé d'attendre.

— Ce m'est égal; je suis payé.

— Prends tes précautions pour n'être ni entendu ni vu quand tu seras derrière la portière.

— Je vais quitter ma chaussure.

— Quelque chose que tu voies ou entendes, reste muet, immobile.

— Comme une bûche, je vous le promets.

La marchande du Temple, certaine que ses instructions seraient suivies à la lettre, s'empressa de rentrer au salon.

Elle retrouva Jean qui, pour se remettre de ses émotions, et qui n'avait pas dîné depuis la veille, s'était décidé à manger une aile de volaille laissée devant lui. Ses yeux brillaient de fièvre, mais leur éclat était moins vitreux.

— Tu m'as obéi, lui dit-elle en rentrant, je suis contente. Bois maintenant, ajouta-t-elle en se plaçant à sa table, en lui versant un demi-verre de vin; puis nous causerons, comme autrefois, quand tu m'aimais?

— Il y a longtemps de cela? Et je vous ai bien maudite depuis, répliqua-t-il en haussant les épaules; soit, causons; mais avant de parler du passé, j'ai encore une question à vous adresser?

— Parle, lui répondit-elle.

— Quelle est la victime enfermée à côté de moi, dans le cachot voisin du mien.

— Le fils du *Renard des Carrières,* le jeune Bigorneau.

— Pourquoi l'a-t-on sequestré ?

— Parce qu'il s'était fait, comme toi, le protecteur de Francine.

— Il faut qu'il soit rendu à la liberté ?

— Oui, si tu le veux! s'écria Valeda de sa voix la plus entraînante, de son sourire le plus provocateur; maintenant, en me perdant avec toi pour te sauver, seras-tu convaincu que je t'ai toujours aimé !

— Allons donc ! répliqua Jean ; vous ne voyez donc pas mon visage, horriblement défiguré par ceux qui, il y a quinze ans, juraient ma perte? Vous ne voyez donc pas que l'âge, la misère, le remords, ont imprimé sur moi les signes d'une décrépitude aussi repoussante que la laideur de mon visage? Me parler d'amour à mon âge, dans les lieux où nous sommes, au milieu des criminels qui nous environnent, c'est plus que de la démence, Valeda !

Celle-ci lui répondit, en lui versant à boire :

— Mais je te vois toujours, moi, avec les yeux du passé.

— Eh bien! moi aussi! reprit Jean d'un air sombre, se décidant à boire pour avoir la force de tout lui dire ; moi aussi, je te vois telle que tu étais dans cette soirée funeste de 1820, au château d'Amérique.

Ici le croque-mort fit une pause.

Valeda courba la tête, moins par peur que pour méditer la réponse qu'elle allait faire à la suite du récit de son ancien amant.

— Oui, je te vois, avec moi et Quinet, le digne Quinet ! au chevet de la marquise de Saint-Sernay ; elle venait de mettre au jour Francine. Sentant le sommeil éternel appesantir ses paupières, elle me recommandait son enfant, sa fille qui venait de naître, frêle créature ne comptant pas encore deux heures. D'une voix expirante, elle me suppliait d'aller confier sa fille au comte de Bouillé, son cousin, parce que sa loyauté lui était connue ; parce qu'il devait sauver cette enfant des atteintes d'une ennemie détruisant impitoyablement tout ce qui faisait obstacle à sa cupide et insatiable ambition.

— Et tu n'allas pas avec l'enfant chez le comte de Bouillé, se hâta d'interrompre Valeda, parce qu'alors tu croyais, comme moi, que cette enfant était le fruit adultérin du comte ; et sur mes conseils, pour l'honneur de nos maîtres, tu consentis à la faire disparaître.

— Et bien m'en a pris, n'est-ce pas, sot et lâche que j'étais, lorsque, arrivé au fond de la carrière, où je devais rencontrer ceux qui devaient recueillir et sauver l'enfant, je ne trouvais que des meurtriers!

— Je suis innocente de tout le mal qui t'est survenu; je le prouve aujourd'hui.

— Par une nouvelle tactique de votre façon, Indienne rusée! mais qui, au lit de mort, ne trompa plus feu madame la marquise; car je me rappelle ses dernières paroles au moment où j'emportais l'enfant; au moment où vous entriez pâle, chancelante, dans la chambre de la marquise, pour lui présenter du vin chaud auquel on avait additionné du poison; je me rappelle qu'elle murmura :

« — C'est assez d'une dose, retirez-vous. Dites à celle qui vous envoie que, dans quelques minutes, sa victime sera en présence de Dieu et demandera justice. »

— Tu ne crus pas ses paroles?

— Je les mis d'abord sur le compte du délire; mais, lorsque moi-même, je faillis mourir dans les carrières d'Amérique, j'appris combien j'avais été coupable en m'associant à des êtres tels que vous! Mon existence brisée, ma vie en deuil, quinze ans de remords n'ont pas assez payé la faute que votre funeste amour m'avait fait commettre.

— Je suis innocente de ce crime; ce n'est pas moi qui ai empoisonné madame de Saint-Sernay.

— Vous ne diriez pas cela à Quinet, qui, depuis, est devenu par vous et la comtesse le régisseur des carrières.

Jean regarda bien en face la Gros-Gaillard, alors d'une pâleur livide, confondue plus encore par la rage que par le remords; puis, se dégageant de toute contrainte, laissant de côté la dissimulation, elle répondit avec une énergie sauvage :

— Eh bien! oui, Jean, j'ai versé l'acétate de morphine dans le vin qui a tué la marquise; oui, je l'ai tuée, elle, mais parce que Valeda, l'Indienne, s'est souvenue; parce que sa sœur Aïka est morte, tuée par le chef de cette famille exécrable! Parce que, moi aussi, comme le chef des bandits qui te poursuivent, j'ai un but à atteindre, une vengeance à assouvir !

A son tour, elle dévisagea Jean, les lèvres frémissantes, le regard en feu.

Un horrible sourire transfigura ses traits.

Valeda était revenue l'Indienne primitive s'enivrant au souvenir de ses barbares exploits.

Jean courba la tête. De nouveau il eut peur de cette femme; elle reprit avec une joie sinistre :

— A ta santé, Jean! et elle éleva son verre pour trinquer ; ce Bordeaux a près de trente ans; il provient des caves de Saint-Maxent; c'est le même que nous buvions, lorsque je venais souper dans ta chambre, au fond du pavillon du nord; t'en souviens-tu? Madame de Saint-Sernay s'appelait encore mademoiselle de Saint-Maxent; elle aimait son cousin Bouillé qui l'adorait, mais qui ne put être à elle, par le fait d'une erreur, d'une ressemblance avec celui qu'elle n'aimait pas ; erreur dont tu fus cause, Jean, souviens-t-en !

— Oh ! tais-toi... tais-toi ! abominable créature ! s'écria-t-il, honteux, confus, et retirant son verre du verre que lui présentait Valeda, ne me rappelle plus ces souvenirs funestes !

— Tu as raison, reprit froidement l'odieuse femme, d'autant plus que je ne veux que ton bonheur et celui de ta Francine.

— Au prix, sans doute, d'une nouvelle infamie ? lui demanda-t-il.

— Que t'importe, si on la sauve ?

— C'est juste, reprit Jean ironiquement, vous ne connaissez que le crime, vous ?

— Oui ou non, veux-tu la sauver ?

— Je le veux !

— Bien ! fit Valeda, inclinant la tête et regardant la portière.

En ce moment, Tamerlan venait prendre place derrière la draperie que la Gros-Gaillard avait eu soin de faire retomber quand elle était rentrée au salon.

Puis elle tira de sa poche une feuille de papier, jaunie par le temps et un petit nécessaire anglais, contenant un écritoire et une plume.

— Qu'est-ce que tout cela veut dire ? demanda-t-il très-intrigué.

— Tu vas écrire une déclaration dont voici la copie, et que je vais te lire :

Jean, les coudes sur la table, le menton dans les mains écouta attentivement ce qui suit :

« Sur le salut de mon âme, et la main sur le saint Évangile, je déclare avec serment, dans l'intérêt seul de la vérité, que la marquise de Saint-Sernay, décédée il y a près d'un mois, a succombé à une couche laborieuse, que son enfant est mort-né.

« Je déclare, en outre, que deux semaines avant ce déplorable événement, j'ai été appelé auprès de la comtesse de Bouillé, qui venait de donner le jour à un enfant du sexe féminin, et ayant reçu le nom de Francine.

« Cette enfant est incontestablement le fruit des relations que mon maître, le marquis de Saint-Sernay, entretenait encore avec la comtesse, pendant le premier temps de son mariage.

« En foi de quoi, et pour faire tel usage qu'il appartiendra, j'ai signé la présente déclaration, sans nul autre mobile que ma volonté, et l'ai remise à la comtesse de Bouillé.

« Paris, le 17 février 1820.

« Jean Ducessois. »

— A la fin, vous vous démasquez! exclama le croque-mort, qui s'était efforcé de conserver son sang-froid pendant toute cette lecture. Il y a huit jours, lorsque vous me disiez de travailler à rendre une fille à son père, je croyais sérieusement que le remords était entré dans votre âme; pauvre dupe que j'étais, j'y vois clair enfin! Voici ce que vous me proposez : donner à votre complice le moyen de s'assurer une autorité incontestable sur Francine, et de se faire épouser de Saint-Sernay pour avoir un jour toute la fortune de Fitz-Merald? Eh bien! jamais, non jamais je n'écrirai volontairement une déclaration semblable.

— Alors tu préfères voir mourir Francine? tu préfères à ta liberté une prison éternelle?

— Je ne veux plus être lâche; vous me disiez aussi, il y a quinze ans, que, de l'abandon de cette enfant, dépendait l'honneur, le repos de Fitz-Merald, vous me mentiez! aujourd'hui je suis sûr que vous mentez encore.

— En tous les cas, Jean, reprit Valeda de sa voix la plus caressante, si je te mentais, ce serait uniquement dans l'intérêt de ta protégée? Maintenant, au pouvoir d'Issakar, et vendue au Protée, ta Francine n'a en perspective que la misère, la honte? A l'aide de cet écrit, au contraire, qui place naturellement cette fille sous la protection de Fitz-Merald, tu deviens fort contre ses ennemis, contre moi-même?

— Mais c'est un faux que vous exigez de moi?

— Qui, au lieu de nuire à quelqu'un, est utile à tout le monde; c'est un faux rendant Francine à

Saint-Sernay, qui, tant qu'elle passera pour la fille de sa femme, sera pour lui un objet de honte et d'exécration.

Valeda tendait toujours la plume à Jean.

Elle avança le papier jauni, timbré à fleurs de lys, datant de Louis XVIII ; elle le pressa de dresser l'acte qu'elle désirait, avec d'autant plus d'impatience qu'elle voyait approcher l'heure à laquelle la comtesse devait arriver à l'auberge.

Le croque-mort s'appuya un instant la tête, poussa un profond soupir.

Bientôt il releva le front ; ses yeux s'arrêtèrent sur ceux de l'Indienne comme pour lire dans sa pensée :

— Valeda, tu ne me trompes pas ; je sauve Francine des mains d'Issakar et du Protée ? lui demanda-t-il avec insistance.

— Je le jure, fit la Gros-Gaillard avec l'accent de la vérité.

Alors Jean se mit à écrire, mais la plume semblait se refuser à copier les lignes de cette déclaration frauduleuse.

L'Indienne suivait, avec une anxiété mêlée de satisfaction, chaque mot tracé par le croque-mort.

Plus il approchait de la fin, plus les caractères naissaient difficilement sous ses doigts.

Plusieurs fois, il s'était interrompu, plongé dans des réflexions pénibles.

Enfin il écrivit la dernière ligne, la date de 1820, et s'apprêta à signer.

Tout à coup une idée traversa son esprit, il rejeta la plume et s'écria :

— Non, je ne signerai pas! Cet acte doit cacher un infernal mystère.

— Tu signeras! exclama l'Indienne, qui bondit comme une panthère, alla vers Tamerlan, caché vers la portière et porta la main à son front.

Le canon d'une arme s'abaissa aussitôt entre la draperie et la chambranle de la porte.

— Tu signeras, répliqua-t-elle, les yeux flamboyants, la rage au cœur, où tu ne sortiras pas vivant de cette maison.

— Soit, je mourrai; au moins, je ne commettrai pas une nouvelle infamie !

A ces paroles, Valeda hors d'elle-même allait crier le mot : *Marche*.

Tamerlan n'attendait que ce mot pour viser Jean, quand un roulement de voiture se fit entendre.

Tamerlan couchant en joue le croque-mort, s'empressa de relever son arme.

La bohémienne et le croque-mort restèrent immobiles.

Comme par miracle, la portière placée de l'autre côté du salon, pivota sur elle-même; une femme voilée ouvrit la porte donnant sur la plaine et entra dans la pièce.

D'un coup d'œil, elle vit l'acte non signé sur la table, l'air résolu de Jean, l'expression menaçante de la Gros-Gaillard, la figure penaude de Tamerlan.

La complice de l'Indienne, qui, du reste, avait réglé ces sinistres apprêts, comprit la situation.

La scène qui venait de se passer lui apparut tout entière.

Cette femme, c'était la comtesse de Bouillé.

XII

LES CAVEAUX D'AMÉRIQUE

— Jean a raison de ne pas obéir à vos menaces, Valeda? S'écria la comtesse avec un léger clignement d'yeux qui fut aussitôt compris par l'Italienne.

Jean regarda d'un air d'étonnement mêlé de stupeur, mademoiselle de Bouillé, qu'il connaissait de longue date comme le démon de cette famille maudite.

Sur les signes d'intelligence de son ancienne maîtresse, madame Gros-Gaillard s'était rapprochée de la portière.

Pendant que la comtesse s'apprêtait à causer avec Jean, Valeda ordonnait à Tamerlan de se replacer en faction pour tirer, quoiqu'il advint, sur le croque-mort, au mot : *marche!*

La grande dame s'était assise. Elle dit au croque-mort, qui s'était levé à son arrivée en gardant une attitude respectueuse, presque craintive :

— Prenez un siége.

Il s'assit, sans quitter des yeux les moindres gestes de cette femme si vindicative et si dissimulée.

— Je sais, continua-t-elle, que vous avez eu toujours beaucoup à souffrir du caractère violent de Valeda. Cette scène qui vient d'avoir lieu me le prouve encore; mais n'y a-t-il pas un peu de votre faute; pourquoi n'êtes-vous pas franchement avec nous?

— Parce que je suis un honnête homme, madame la comtesse, répliqua Jean plus exaspéré de l'hypocrisie de la grande dame que des menaces de Valeda.

— Alors, répliqua-t-elle en se pinçant les lèvres, si vous êtes devenu si honnête, je demanderai à Jean, le croque-mort, à Jean, l'honnête homme, ce qu'était l'ancien garde-chasse, celui qui, six mois avant le mariage de mademoiselle de Saint-Maxent, faisait pénétrer dans le pavillon nord du château, auprès de cette demoiselle Saint-Maxent, le marquis de Saint-Sernay en place du comte de Bouillé? Funeste rencontre préparée par l'honnête Jean, odieux guet-apens qui força mademoiselle de Saint-Maxent à épouser le rival du comte de Bouillé, parce qu'elle avait été trompée par la ressemblance de Saint-Sernay avec Bouillé qu'elle avait toujours aimé.

— Oh! madame la comtesse, s'écria le croque-mort les traits altérés, dans une émotion impossible à décrire, ne me rappelez pas le premier crime de ma vie! Ne soyez pas impitoyable; vous savez à quelle condition j'ai accompli cet acte odieux!

— Moi aussi, je le sais! reprit la Gros-Gaillard qui, à ces derniers mots, revint vers Jean, torturé alors par les deux créatures, — moi surtout qui te dis : « Si tu livres mademoiselle de Saint-Maxent à Saint-Sernay, je suis à toi! » Oh! alors tu m'aimais?

— Et, continua la comtesse, si Saint-Sernay connaissait comme Bouillé cette particularité de ta vie, serais-tu considéré toujours par lui comme un honnête homme?

— Oh! lâches! lâches que vous êtes! exclama Jean, se démenant sur son siége devant les deux femmes, le visage livide et couvert de sueur.

— A propos, reprit la comtesse, en changeant de ton, avec une apparente négligence, tandis que la Gros-Gaillard se reculait à la portière, près de Tamerlan en observation. A propos, pourquoi as-tu refusé de signer une déclaration qui me permet de témoigner à Francine, ta protégée, tous les sentiments de l'amour maternel.

— Je n'ose vous dire ma pensée.

— Si, répliqua la comtesse, avec une persistance empreinte d'un certain ton d'ironie. Fais-la moi connaître, sans restriction.

— Eh bien, je redoute que cette pièce ne soit employée à motiver quelques tentatives plus criminelles encore que celles qui se sont produites à l'Amérique en 1820.

— Tu as tort. Sitôt que tu auras signé cet acte, tu seras libre; et Francine, en ce moment perdue pour toi, rentrera à Paris; cette déclaration même m'aidera à mettre cette enfant dans les bras de son père?

— Qui me le prouvera?

— Moi, à l'instant.

Et saisissant la plume qui se trouvait sur la table, elle traça rapidement sur un feuillet de ses tablettes, les paroles suivantes :

— « J'affirme que je reçois, signée de monsieur Jean, ancien serviteur du marquis de Saint-Sernay, une attestation qui établit que je suis la mère de Francine. Cette attestation est un mensonge. Francine est la fille légitime de la marquise de Saint-Sernay. »

Le croque-mort s'empara de l'attestation que lui tendait la comtesse.

Il s'écria :

— Maintenant mes scrupules sont levés.

Sans hésiter davantage, il signa la première déclaration.

Après l'avoir lue en entier, la comtesse la plia lentement et la plaça dans ses tablettes. Puis regardant d'une façon particulière la marchande du Temple, elle dit au croque-mort :

— Maintenant, tu es libre.

Et l'arme qui était aux mains de Tamerlan recommença à s'abaisser dans la direction du croque-mort.

— Marche! cria l'Indienne.

Un léger bruit sec, un sifflement se firent entendre.

Jean tomba raide sur le tapis.

Au même instant des cris, des bruits de voix retentirent.

Les deux femmes n'eurent pas le temps de se jeter sur leur victime ni de s'assurer de sa mort.

Tamerlan, épouvanté, s'élança à la portière :

— Alerte, Quinet est en bas, avec *des autres* de la bande. Il délivre, à ce qu'il paraît, le Bigorneau; j'ai entendu çà... Pas une minute à perdre, filons!

La comtesse s'élança contre la porte qui donnait vers les buttes ; prête à l'ouvrir, elle dit à Gros-Gaillard :

— Avant de laisser ce cadavre à la merci de nos complices, empares-toi de mon écrit... Adieu, Valeda, adieu !...

Elle n'avait pas achevé qu'elle avait disparu.

La Gros-Gaillard s'était baissée près du corps gisant sur le tapis. Avec une joie folle elle s'était emparée du papier de la comtesse.

Dès que Tamerlan se fut glissé derrière la porte laissée entr'ouverte par la comtesse, l'Indienne s'écria :

— Maintenant je te tiens, madame la grande dame ! C'est à moi et au Protée que tu auras désormais affaire.

Elle partit sans bruit, à la suite de la comtesse et de Tamerlan ; elle n'hésita pas à laisser la place à ceux qui venaient de délivrer Bigorneau.

Tous reculèrent d'horreur à la vue du cadavre étendu au milieu du salon.

Avant de suivre les libérateurs du jeune Bigorneau, sur le nouveau théâtre des crimes de la bande du Protée, il est utile de remonter le cours des événements jusqu'à l'incident de l'arrestation du comte de Bouillé.

On se rappelle que Bamboche, en voyant emmener dans un fiacre son ancien amant, en surprenant la comtesse sur le lieu même de son arrestation, lui avait adressé de loin des paroles de menaces.

Ces paroles de l'actrice avaient été surprises par un homme caché à l'angle de la rue de Valois.

Quand la voiture de la comtesse eut disparu, quand le fiacre eut entraîné Bouillé, le personnage s'approcha de l'amazonne prête à remonter à cheval.

— Un mot, mademoiselle, lui dit-il; puisque vous paraissez tant détester mademoiselle de Bouillé, c'est que vous portez sans doute beaucoup d'intérêt à ces messieurs de Merald ? Je suis le domestique de monsieur le marquis de Saint-Sernay, je m'appelle Korantin. Voulez-vous, dans l'intérêt de mes maîtres, vous associer à moi contre cette femme et les misérables qu'elle fait agir !

— Vous m'avez l'air d'un brave homme, répondit l'actrice, je crois que je pourrai me fier à vous; cependant je n'aime pas beaucoup votre marquis, depuis qu'il a menacé Bouillé de lui faire sauter la cervelle. Je vous avertis, monsieur le domestique, que si c'est pour servir votre seigneur et maître au détriment du mien, je préfère manigancer toute seule au profit de mon ex-chéri.

— C'est pour travailler à leur union, c'est pour rendre, peut-être, une fille à son père, que je vous offre mon concours, comme je sollicite le vôtre.

— Tiens, fit Bamboche, voilà une proposition qui sent bien le théâtre; rien n'y manque, jusqu'à la phrase traditionnelle du serviteur à la soubrette; je ne puis vous refuser, puisque vous me remettez dans mon emploi.

— Alors, dès aujourd'hui, nous nous liguons contre monsieur Quinet? lui répliqua Korantin d'un air d'intelligence.

— Ah! malin, dit la soubrette en clignant des yeux. Vous aviez regardé mes cartes avant de mettre dans ma mise?

— Non, mais je connais Quinet pour un coquin; je sais que vous êtes une honnête fille, voilà pourquoi je me suis offert pour vous servir.

— Adopté! s'écria-t-elle.

Korantin se disposait à la quitter, quand un troisième personnage, habillé en recors, se plaça entre eux et leur souffla ces mots à l'oreille :

— Alors, puisque vous vous entendez si bien contre Quinet, trouvez-vous ce soir, à dix heures, au cabaret du *Père Sournois?*

— Hein! exclama Bamboche ébahie.

— Plaît-il, monsieur? reprit Korantin non moins surpris.

Le recors, les mains appuyées sur un énorme gourdin, le visage en partie caché dans un grand col de cuir, resta immobile.

Bamboche et Korantin essayèrent de voir les traits

du misérable. Celui-ci avait eu soin de les dissimuler sous un chapeau à larges bords, aussi crasseux que ses vêtements, luisants d'usure, et sous lesquels on ne pouvait deviner la moindre trace de linge.

— Qui êtes-vous? lui demanda la comédienne.

— Nous ne vous connaissons pas; quel intérêt avez-vous à nous seconder? demanda Korantin avec défiance.

— Que vous importe, si je vous sers contre la comtesse que vous voulez perdre? Pour cela vous n'avez, monsieur Korantin, qu'à conduire ce soir, à dix heures, votre maître au cabaret du *Père Sournois*, à lui faire demander à voir les souterrains d'Amérique où l'on tient captif Bigorneau, le fils du Renard des Carrières? Pour cela, mademoiselle, vous n'avez qu'à ordonner à monsieur Quinet de vous conduire aussi dans les carrières; et ce soir, vous aurez déjà sauvé deux victimes... Maintenant, bonjour, je suis certain que vous suivrez mes avis, je n'en demande pas davantage.

Le recors disparut, filant le long d'une rue voisine, après avoir laissé Korantin et Bamboche ne revenant pas de leur surprise.

— Irez-vous? demanda le breton à la soubrette.

— Je n'aurai garde d'y manquer, répliqua-t-elle en remontant à cheval. La situation se complique avec trop d'attrait pour ne pas m'y mêler au profit de mon infidèle.

Et frappant de sa cravache son cheval qui partit au grand trot, elle cria à Korantin :

— A ce soir, avec votre maître, au cabaret du *Père Sournois*.

Korantin s'éloigna d'un air songeur en pensant à ce nouveau personnage dont la voix ne lui était pas inconnue.

Le recors déguisé n'était autre que Protée, qu'il avait annoncé déguisé en attaché d'ambassade.

Protée, par cette tactique, perdait encore celui qui l'avait trahi, l'imprudent Quinet.

Deux heures après, Bamboche envoyait ce message à ce dernier :

« Mon cher, pour vous, je ne joue pas ce soir, je me fais malade; je vous attends à neuf heures au cabaret du *Père Sournois*. C'est plus que vous ne méritez, surtout quand vous saurez la surprise que je vous y ménage.

« Votre adorée Bamboche. »

Vers les neuf heures aussi, Korantin entraînait son maître au même cabaret.

Le serviteur lui avait rendu compte de tout ce qu'il avait tenté pour avoir raison des ennemis mystérieux qui s'acharnaient après lui et la jeune orpheline.

A neuf heures et demie, le marquis, armé de deux

pistolets de poche, suivi de son fidèle Korantin, entrait au cabaret du *Père Sournois.*

Depuis un quart d'heure, Bamboche y avait rejoint Quinet.

Ce soir-là, le régisseur était fort inquiet, car il savait tout ce qui se passait à l'extrémité des carrières, à la maison de la *Truie qui pêche*, entre Valeda, la comtesse et le malheureux Jean.

Quinet, en voyant entrer le marquis, pâle, menaçant, comprit le guet-apens tendu par Bamboche.

Il n'eut plus de doute à cet égard quand le marquis lui dit, en lui montrant ses pistolets :

— Tu es un misérable ! je sais que les carrières de mon oncle servent de lieux de recels aux objets volés par une bande à laquelle tu es affilié. Tu vas me conduire dans ces souterrains, à l'instant, au nom de Fitz-Merald dont j'exécute les volontés.

Quinet, au comble de la terreur, voulut protester de son innocence, et affirmer jusque sous les canons de Saint-Sernay, qu'il n'y avait dans les carrières aucun dépôt clandestin.

Saint-Sernay se contenta d'ajouter, en le couchant en joue :

— Voudrais-tu donc que j'instruisisse la justice qui, peut-être, ne trouverait pas que des objets volés dans ces souterrains ? Préfères-tu, à notre enquête, celle du Procureur du roi? Conduis-nous, à l'instant dans ces caveaux, sinon je dépose ma plainte chez le commissaire de police. Choisis entre ta démission volontaire de régisseur de nos carrières ou ta prochaine destination au bagne en compagnie de tes dignes et nombreux complices?

Le régisseur vit bien qu'il n'avait pas à hésiter, surtout quand il aperçut au fond de la pièce un individu ouvrir une trappe, et qui, porteur d'un falot, se disposa à conduire Saint-Sernay, Korantin et Bamboche dans le dédale de ces antres criminels.

Cet homme, c'était le cabaretier, le propriétaire du *Père Sournois*, plâtrier le jour, tavernier la nuit, l'âme damnée du Protée.

Alors le régisseur comprit ce qui avait déterminé Protée à se détacher de la bande, il devina le but de sa prétendue désertion; il sentit encore le pouvoir mystérieux du chef. Il n'hésita plus à suivre le marquis, tout en lançant un regard de haine à Bamboche, la cause première de ce guet-apens, dont elle n'était, en réalité, par Protée, que l'instrument aveugle, comme le marquis et Korantin.

Quelques minutes après, le cabaretier, son falot à la main, Quinet, poussé par Saint-Sernay, Korantin et Bamboche s'aventuraient dans les longues galeries des carrières d'Amérique.

A la suite des vingt marches conduisant à la voie principale dont nous avons déjà parlé, les quatre personnages parvinrent au carrefour dit *le Chemin de la Croix*.

Arrivé là, Quinet se retourna vers le marquis. Il voulut lui prouver que les carrières d'Amérique n'avaient pas d'endroits plus mystérieux. Au même instant, le plâtrier, après avoir déposé sa lanterne, prit une pioche, descella une pierre et montra une large ouverture; puis, s'emparant d'une longue échelle, il la descendit dans l'ouverture, s'y plaça le premier. Le fallot à la main, il engagea les autres à le suivre dans les profondeurs du souterrain.

Quinet, plus mort que vif, suivit le plâtrier.

Le souterrain placé au-dessus de celui où le fils Bigorneau était prisonnier, servait de premier magasin aux objets volés par la bande.

On y voyait, comme nous l'avons déjà dit, des étaux, des creusets; des caisses pleines de vaisselle plate gisaient sur un sol friable. Les reflets des métaux s'y mêlaient aux scintillements de la lumière sur tous les côtés de ses parois humides.

C'était une véritable caverne de bandits.

Le marquis de Saint-Sernay regarda d'un air sévère Quinet, pendant que le cicerone élevait avec complaisance sa lanterne pour montrer aux témoins tous les trésors enfouis dans le caveau.

Le régisseur passait de la confusion à la rage; il sentait qu'il ne pouvait se venger de ceux-là qui le trahissaient.

Il marchait par la pensée dans un dédale plus mystérieux que celui où il était poussé par ses complices, sans que le régisseur pût comprendre le but de leur étrange délation.

Quinet se mordait les poings de rage.

A sa colère impuissante succéda la plus violente terreur, quand il aperçut le plâtrier desceller une autre pierre, celle qui ouvrait le deuxième caveau ou deuxième *masse*, là où avaient été portés quelques jours auparavant le fils Bigorneau, avec le cadavre trouvé sous le billard du café du boulevard du Temple.

Le régisseur voulut s'élancer sur le plâtrier déjà armé de sa pioche et prêt à sortir de terre la pierre qui bouchait l'orifice du *cachot*.

Quinet s'arrêta devant le pistolet de Saint-Sarnay; en proie à la plus vive émotion, il laissa se terminer l'ouvrage du mercenaire.

En quelques secondes la pierre fut soulevée, la même échelle fut descendue dans la seconde caverne.

Comme la première fois, le plâtrier y descendit, en engageant tout le monde à le suivre.

Un horrible spectacle s'offrit à tous les yeux, dès qu'ils purent se reconnaître, dès que la lumière du falot eut pénétrée dans l'épaisse atmosphère du cloaque.

Un jeune homme livide, à demi évanoui, était

étendu sur de la paille; il ne pouvait se tenir debout, entre les murs de son cachot où se répandait une odeur infecte. A son côté était couché un cadavre en putréfaction, l'homme mort, le mouton dénoncé à la bande, que nous avons vu emporter avec Bigorneau du café du boulevard du Temple.

A cet horrible tableau, le marquis, Korantin et Bamboche se reculèrent, aussi indignés qu'épouvantés.

Le prisonnier parut d'abord douloureusement impressionné par la différence de température qui venait assainir, du haut de l'ouverture, l'air infect de sa prison.

Un frisson lui parcourut le corps, ses dents s'entrechoquèrent.

Un instant il ne put s'expliquer d'où venait la lueur qui se glissait jusqu'à ses yeux affaiblis par des vapeurs acides, et qui lui causa une nouvelle souffrance.

Puis se rappelant, une heure auparavant, les coups réitérés qu'il avait entendus à côté du mur près duquel il était étendu, le malheureux crut que c'étaient les mêmes sauveurs qui étaient parvenus à le délivrer.

Mais ce que n'avait pu faire son libérateur, s'était opéré par l'entremise des agents de son ennemi : le Protée.

A la vue de l'horreur inspirée par ce spectacle sur les esprits de Saint-Sernay, de Korantin et de Bamboche, Quinet reprit son audace.

Regardant d'un air de défi, le plâtrier, il dit à Saint-Sernay :

— Monsieur le marquis; on vous a fait connaître mes secrets; ne les divulguez à personne, sinon, je pourrais en divulguer bien d'autres qui atteindraient, en justice, jusqu'à l'honneur de Fitz-Merald?

— Que veux-tu dire, misérable? lui demanda Saint-Sernay, en lui prenant violemment le bras.

— Je m'entends, continua-t-il; puisqu'on est en train de découvrir des cadavres aux carrières d'Amérique, prenez garde à mon tour que je prenne le falot du plâtrier pour vous faire découvrir d'autres abîmes plus terribles encore.

Quinet s'arrêta en sentant une main le saisir fortement au poignet; c'était la main du plâtrier, qui, en l'attirant dans l'ombre, le regarda d'un air farouche. Il se tut.

Pendant ce temps, Bamboche et Korantin donnèrent des soins empressés au jeune Bigorneau.

Le marquis, tout aux paroles équivoques de Quinet, lui répondit en le menaçant :

— Parleras-tu... de quelles abîmes, de quel cadavre est-il question?

— Faites-vous conduire, s'écria Quinet, évitant

ainsi de s'expliquer; faites-vous conduire à l'extrémité de la galerie. Après dix minutes de chemin, vous vous trouverez dans les caves de la *Truie qui pêche;* là vous aurez l'explication de mes paroles !

Evidemment ce n'est pas d'abord ce qu'il avait voulu dire.

— Alors, viens avec moi, Korantin, reprit le marquis, ayant l'air de consulter ce dernier, qui le comprît.

Puis, se tournant vers l'artiste restée auprès du jeune homme, Saint-Sernay ajouta :

— Bamboche, veille sur le prisonnier pendant que je vais continuer de m'éclairer sur les crimes de ces misérables ?

— C'est une curiosité qui pourra vous coûter cher, marquis ? riposta Quinet, levant le masque, avant de disparaître derrière le plâtrier.

Celui-ci ouvrit la porte du cachot, redevenu vide ; muni d'une lanterne sourde, il guida Korantin et Saint-Sernay dans le passage franchi avant eux par Jean et Tamerlan.

Nous avons vu comment l'Indienne et la comtesse, averties par Tamerlan, s'étaient enfuies à l'approche de Saint-Sernay et de Korantin, conduits par le plâtrier.

Quand ceux-ci eurent gravi les marches souterraines conduisant au salon, ils virent le corps de Jean étendu sur le tapis.

Le marquis, au comble de l'indignation et de l'horreur, à la vue de cette nouvelle victime, s'élança dans la pièce, il s'écria :

— Mort ou vivant, cet homme m'appartient ! Korantin, une voiture ! J'ai hâte de sortir de ce coupe-gorge où l'on ne respire que le sang.

Puis il ajouta :

— Plût au ciel, pour que nous puissions punir un jour ces lâches assassins.

— Ou ses complices ! avait murmuré Korantin entre ses dents.

Durant cette scène, le plâtrier avait disparu par la porte donnant sur les buttes.

Korantin s'orienta par une autre porte de sortie. Il alla chercher une voiture, tout en se disposant à payer d'avance et largement le cocher, pour s'assurer de sa discrétion.

Il n'avait pas fait trois pas hors de la maison, qu'un fiacre s'y arrêta comme par enchantement.

Korantin ne revenait pas de tous ces apprêts indiquant qu'un personnage invisible présidait aux péripéties de ce drame sinistre.

Le Breton arrêta néanmoins le fiacre.

Après avoir transporté avec le marquis le corps de Jean dans la voiture, Korantin eut le soin de se placer sur le siége du cocher.

Celui-ci, le visage caché sous le collet de son carrick et par les rebords de son chapeau, lui dit mystérieusement :

— Mais vous avez un autre corps à charger?

Korantin fit un bond, puis s'empressa de descendre du fiacre.

Il rendit compte à son maître de l'étrange et sinistre réplique du cocher.

— Laissons-nous faire, lui répondit-il, nous sommes armés! C'est sans doute de la division de ces bandits que nous devons déjà notre force contre eux; profitons de l'issue qu'ils nous ouvrent sur ce terrain sanglant. Tâchons seulement de ne pas y glisser, et au contraire, de nous y bien tenir!

Saint-Sernay n'avait pas achevé que Quinet, pourchassé par Bamboche, sortait des caveaux.

Le régisseur transportait, bien malgré lui, avec l'artiste, le corps de Bigorneau jusqu'à la voiture qui paraissait l'attendre.

Cinq minutes après, la voiture quittait le quai du canal; elle emmenait le marquis et Korantin avec les corps de Jean et de Bigorneau.

La voiture se dirigea vers le quartier Beaujon.

Le marquis y possédait une charmante villa.

Ce fut là qu'il préféra transporter les victimes des bandits des *carrières d'Amérique.*

L'obscurité était des plus profondes; il était deux heures du matin quand le fiacre détourna le quai du canal.

Deux êtres n'avaient pas perdu de vue, blottis contre un mur du côté des buttes, tout ce qui s'était passé tant au cabaret du *Père Sournois* qu'à la *Truie qui pêche*. Ces derniers rentrèrent à pas de loup par la porte entr'ouverte de cette dernière auberge.

C'étaient Protée et Valeda.

— Maintenant, s'écria l'Indienne, la fortune des Fitz-Merald nous appartient.

— Tu oublies quelqu'un? lui répondit le Protée, avant de refermer la porte.

— Qui donc?

— Madame la comtesse, s'écria-t-il.

Il désigna à Valeda la troisième complice de tous leur forfait.

Celle-ci apparaissait en même temps à la porte restée entr'ouverte.

Valeda s'inclina devant celle qui n'avait cessé, depuis sa retraite, de présider de loin à ces horribles drames; mais l'Indienne ne put s'empêcher de lancer des regards soupçonneux à Protée et à mademoiselle de Bouillé.

Cette dernière se contenta de dévisager les deux instruments de sa volonté implacable, et comme l'eût fait un juge d'instruction. Puis elle sortit de la maison sans prononcer une parole, avec ce geste solennel qui semblait dire à ses complices :

— Je suis satisfaite; vous pouvez compter sur ma reconnaissance.

Le lendemain, la marchande du Temple recevait, sous pli, une somme importante de mademoiselle de Bouillé.

L'indigne fils de Blanchard, ancien associé de Fitz-Merald, l'odieux Protée, se préparait, sous le nom de *Pedro Pedrini*, à entrer dans la famille des Merald.

Quant à la comtesse, grâce à la fausse déclaration de Jean, laissé pour mort, elle devenait forcément la fiancée du marquis de Saint-Sernay.

L'horrible guet-apens tendu à Jean en 1820, dans les *Carrières d'Amérique*, s'était renouvellé, quinze ans après, dans des circonstances plus horribles encore.

Ses ennemis avaient atteint leur but : Francine était au pouvoir des saltimbanques.

Le comte de Bouillé était écroué à la prison pour dettes.

Le fils du *Renard des Carrières*, Bigorneau, ne pouvait sauver Francine sans perdre sa mère et déshonorer la mémoire de son père !

Les misérables étaient victorieux.

Nous verrons ce qu'il advint à la suite de leurs victoires dans un second volume intitulé : LES BANDITS DE MONTFAUCON.

En tous les cas, l'honnête Jean venait d'être terrassé par eux en dépit de son bon droit.

Il avait été vaincu par son passé, par sa faiblesse

à l'égard de son infâme amante : passé funeste, faiblesse coupable, qui le liait à des assassins perdant avec lui Francine et son nouveau protecteur, le comte de Bouillé.

Le Protée, Valeda et la comtesse avaient écrasé tous leurs ennemis, jusqu'à Quinet qui les avait trahis par ses complaisances pour l'actrice Bamboche.

En dépit du dévouement de cette dernière, malgré le zèle du fidèle Korantin à son maître, Protée, Valeda et la comtesse devenaient les maîtres des *Carrières d'Amérique*, leur antre et leur empire !

FIN DES CARRIÈRES D'AMÉRIQUE.

TABLE DES MATIÈRES

I. L'Amérique	1
II. Le boxeur	16
III. Le passage Saint-Pierre	32
IV. Le cabaret du père Sournois.	47
V. Les complices	68
VI. Le café des Trois-Billards.	81
VII. L'Espagnol et l'Indienne.	102
VIII. Le départ d'un bandit et le petit lever d'un gentilhomme	124
IX. Entre parents	133
X. Bamboche.	166
XI. La maison de la Truie qui pêche	181
XII. Les caveaux d'Amérique.	210

BIBLIOTHÈQUE PARISIENNE A UN FRANC

PAR MM. PAUL FÉVAL, — EMMANUEL GONZALÈS, PONSON DU TERRAIL, — ÉTIENNE ÉNAULT, — ÉLIE BERTHET, CHARLES DESLYS, — PIERRE ZACCONE, — MICHEL MASSON, CLÉMENCE ROBERT, — G. DE LA LANDELLE, — TH. LABOURIEU, MOLÉRI, — JULES CLARETIE, — JULES BEAUJOINT, CONSTANT GUÉROULT, — ALBERT BLANQUET, OCTAVE FÉRÉ, — GOURDON DE GENOUILLAC, — ADÈLE ESQUIROS, DE LYDEN, CAMILLE PÉRIER, ETC.

UN VOLUME PAR MOIS.

EN VENTE
ROMANS MILITAIRES DE GODEFROY CAVAIGNAC

MES JARDINS DE MONACO
PAR EMMANUEL GONZALÈS

CONFESSION D'UNE JOLIE FEMME
PAR EUGÈNE MORET

JEAN LONGUES-JAMBES
PAR PIERRE ZACCONE

LES CARRIÈRES D'AMÉRIQUE
PAR TH. LABOURIEU

SOUS PRESSE
LES REINES DE LA NUIT
PAR AUGUSTE DE LACROIX

LES BANDITS DE MONTFAUCON
PAR TH. LABOURIEU

LE SIÈCLE ILLUSTRÉ
PARAISSANT LE MARDI

Cette Publication, qui a eu, pendant six ans, un brillant succès, ne pouvait manquer d'obtenir de nouveau la faveur du public, surtout avec des noms tels que ceux de MM. Paul Féval, Emmanuel Gonzalès, Ponson du Terrail, Clémence Robert, Michel Masson, de La Landelle, Jules Claretie, Moléri, Pierre Zaccone, Albert Blanquet, Constant Guéroult, Th. Labourieu, Gourdon de Genouillac, Albéric Second, Eugène Moret, Jules Beaujoint, de Lyden, Adèle Esquiros, Charles Delys, Camille Périer, etc.

EN COURS DE PUBLICATION
LES GUEUX, PAR PIERRE ZACCONE

Saint-Amand (Cher). — Imprimerie de DESTENAY, rue Lafayette.

www.ingramcontent.com/pod-product-compliance
Lightning Source LLC
Chambersburg PA
CBHW070657170426
43200CB00010B/2278